PFERDE HINTERM HAUS

Maleen Junge

PFERDE HINTERM HAUS

Mit Pferden leben –
was Sie unbedingt wissen sollten

Franckh-Kosmos

Mit 13 Farbfotos von Edgar Schöpal (9), Christiane Gohl (1), Karl-Heinz Krauß (1), Hans Kirst KG (2) sowie 48 Schwarzweiß-Zeichnungen von Reiner Zieger, Berlin.
Umschlaggestaltung von Atelier Jürgen Reichert, Stuttgart, unter Verwendung von Fotos von Edgar Schöpal.

Herstellung: Siegfried Fischer, Stuttgart

Die Deutsche Bibliothek – CIP-Einheitsaufnahme

Junge, Maleen:
Pferde hinterm Haus : mit Pferden leben – was Sie unbedingt wissen sollten / Maleen Junge. – Stuttgart : Franckh-Kosmos, 1992
ISBN 3-440-06551-0

ISBN 3-440-06551-0
Printed in Germany / Imprimé en Allemagne
Satz: Typomedia Satztechnik GmbH, Ostfildern
Druck und buchbinderische Verarbeitung: Huber KG, Dießen

PFERDE HINTERM HAUS

Ich widme dieses Buch
Bengt Krauß,
Limerick,
Irland
Maleen Junge

VORSPIEL

Gestern wollte ich eigentlich anfangen, für Sie über »Pferde hinterm Haus« zu schreiben. Eigentlich, denn dann kam der Weisheitszahn. Aber der Reihe nach.

Um acht Uhr morgens klingelte das Telefon. »Hiilfe«, schrie meine Freundin Margareta, »ich habe die ganze Nacht nicht geschlafen. Ich muß sofort zum Zahnarzt.«

Na und? werden Sie sagen, was geht's mich an? Ein Zahnarzttermin ist unangenehm, aber doch keine Tragödie? Richtig. Vorausgesetzt, Sie halten keine Pferde hinterm Haus.

Margareta hat zwei. Das eine hatte vor Tagen ein Eisen verloren, das andere sollte (endlich!) nach einem Hufgeschwür wieder beschlagen werden. Tagelang hatte Margareta versucht, den Schmied zu erreichen. Endlich, nach vielen Bitten und einem großem Jammern, hatte er versprochen zu kommen. Ja, und ausgerechnet dann meldete sich der Weisheitszahn. Sollte sie absagen? Nein, oh nein! Margareta wäre auf den letzten Platz der Warteliste gesetzt worden. Und wie hätte sie in der Zwischenzeit zwei unreitbare Pferde bewegen sollen? Ach, das erzähle ich Ihnen ja erst später.

Margareta brauchte also Hilfe. Ich sauste los.

Sie empfing mich schon vor ihrem kleinen Auto. »Das ist ja sooooo lieb von dir!« versuchte sie zu sagen. Ihre dicke Backe ließ aber nur undeutliche Worte zu. »Herr Toller kommt um elf«, klang schon besser. »Kannst du auch aufhalten? Er kommt nämlich heute nur zu mir, weil sein Geselle krank ist. Ich halte ja immer selbst auf.«

Natürlich konnte ich auch aufhalten. Das ist zwar anstrengend und für den Rücken nicht die beste Übung, doch ich war ja zum Helfen gekommen.

Margareta fuhr los. Ich kochte mir einen starken Kaffee in ihrer schikken Landhausküche. Ihre Pferde standen dösend im Paddock in der Sonne. Ich nahm mir einen Eimer und eine Schaufel und begann, Pferdeäpfel zu sammeln und sie auf den Misthaufen hinter dem Stall zu bringen. Eigentlich hätte ich lieber in Margaretas Büchern geblättert. Doch ich ahnte schon, daß die Freundin auch am Nachmittag noch nicht so einsatzfähig sein würde, wie man es sein *muß*, wenn man Pferde hinter dem Haus hat.

Ich will es kurz machen. Ich habe

Erst die Pferde, dann der Zahnarzt!

gestern keine Zeile zu Papier gebracht. Nachdem der Schmied um halb drei wieder weggefahren war (er war selbstverständlich später gekommen und konnte das selbstverständlich mit einer aufregenden Story begründen), kochte ich für Margareta, die inzwischen erschöpft auf dem Sofa lag, ein Süppchen. Dann machte ich mich daran, die Pferdeboxen zu entmisten und frisch einzustreuen. Erst als ich Futter in die Krippen schüttete und die Lieblinge genüßlich kauend dastanden, fiel mir ein, daß ich den ganzen Tag noch nichts gegessen hatte. Ich zog mir die matschbeschwerten Gummistiefel aus, ging ins Haus, trank den Rest kalten Kaffee und aß ein Stück Kuchen vom Vortag. Dann fuhr ich los, beladen mit den Danksagungen einer ehrlich erleichterten Freundin und ihres heimkehrenden Gatten. Nun warteten meine eigenen Pferde auf mich. Mit Reiten und Aufräumen zu Hause verging der Rest des Tages.

Als heute morgen, wieder recht früh, das Telefon klingelte, war ich sehr erleichtert, daß es nur mein Sohn war. Wir klönten ein bißchen. Dann fragte er: »Wie kommst du voran?« »Womit?« fragte ich zurück. Er: »Na, mit dem Buch ›Pferde hinter dem Haus‹.« »Sehr gut«, sagte ich, »ich fange jetzt sofort an.«

Eine Idylle

Sie stellen sich vor: Es ist Sommer, Sonntag, die Sonne strahlt vom Himmel. Alle Leute fahren raus aufs Land. Sie sind schon da. Sie wohnen irgendwo am Dorfrand in einem alten, renovierten Bauernhaus, mit Pferdeställen, Weiden und einem Reitplatz gleich dahinter. In Erwartung großer Hitze haben Sie schon früh einen Ausritt gemacht. Jetzt grasen die Pferde zufrieden keine zehn Meter von Ihrem Frühstückstisch entfernt hinter einem weißen Gatterzaun. Sie haben noch Ihre Reithose an, Ihr T-Shirt ist verdreckt und durchgeschwitzt.

Es wird Mittag. Die Pferde müssen nicht gefüttert werden. Das Gras ist eigentlich sowieso noch zu fett für sie. Doch auch die Tiere sollen den Sonntag genießen. Tante Gerda kommt zu Besuch. Sie besucht Sie gern im Sommer und bringt dann stets das Neueste aus der Stadt mit. Was hören Sie? Autos und Abgase überall. Verstopfte Straßen, überfüllte Parks und Badeseen. »Wie gut habt Ihr und die Pferde es hier«, sagt die Tante. »Meine Stute kann nur manchmal ein wenig grasen geführt werden. Direkt neben einer Hauptstraße. Richtig neidisch könnte ich werden.«

Ja, sie hat recht. Es geht Ihnen gut. Sie müssen dieses Jahr nun schon zum zehnten Mal nicht verreisen. Wo könnte es auch schöner und erholsamer sein als in Ihrem Dorf, in Ihrem Haus auf dem Land? Leo hat Urlaub. Morgen wollen Sie Heu pressen. Leo wird den alten Trecker vom Nachbarn fahren, Freund Hugo will abladen helfen. Und einer von Ihnen schmiert Butterbrote, nachdem wieder eine Wagenladung des duftenden Heus verstaut worden ist.

»Herrlich«, sagte Tante Gerda und rekelt sich, »schon immer wollte ich auf dem Lande leben. Wir in der Stadt merken manchmal die Jahreszeiten gar nicht. Ihr hier allerdings, ... so eins mit den Tieren...«

Wie recht sie hat, denken Sie. Sie lieben Ihre Pferde, die Hunde, die Katzen, Hühner und Schafe. Sie genießen das Morgenrot und den Abendhimmel und gehen oft noch spätnachts zu den Pferden auf die Weide. Manchmal liegen Ihre Lieblinge dann ganz ruhig da, wiehern leise, wenn Sie ihnen die Hälse tätscheln, und sie blasen Ihnen warmen Atem in die Hand.

An diesem Sonntag kommen abends noch Freunde. Sie bringen Kinder mit, die gleich mit Ihrem Pony ein Reitturnier veranstalten und dann auf Ihren Fahrrädern her-

Die Idylle: Pferde hinterm Haus.

umsausen. Sie zeigen die Ställe, die frisch, weiß gekalkt und ausgemistet im Augenblick leerstehen, weil die Pferde nur zu einer kleinen Haferabendmahlzeit hereinkommen. Sie wandern durch Ihren großen Blumengarten und besprechen über den Zaun mit dem Nachbarn die augenblickliche Großwetterlage. Es wird trocken bleiben. Das Heu ist nicht in Gefahr. Zufrieden lassen Sie sich wieder auf der Terrasse nieder. Der Tag geht zu Ende. Der Wein schmeckt. Morgen, vor dem Frühstück, wollen Sie zum See hinüberreiten und mit den Pferden schwimmen.

»Ja, ich beneide euch«, sagte Tante Gerda. Sie bleibt über Nacht. Sie hat einen Tag Urlaub und möchte bei der Ernte helfen. Sie will sich Schwielen an den Händen holen und eine wohlige körperliche Erschöpfung spüren. »Ihr wißt gar nicht, wie gut ihr es habt.«

Sie sind zu glücklich und so entspannt faul, daß Sie nicht protestieren. Doch Sie wissen natürlich, wie gut Sie es haben. Ein Blick zu den Pferden hinüber genügt, um es nie zu vergessen.

Möchten Sie so leben? Sie, als Pferdefreund und begeisterter Reiter? Ich höre Sie rufen: »Ja, ja, ja! Auf jeden Fall! Natürlich! Sofort!«

Dann wollen wir mal die andere Seite der Idylle betrachten.

Ein Alptraum

Sie stellen sich vor: Es ist Winter. Ihr romantisches altes Bauernhaus liegt eingeschneit am Ende des Dorfes. Oder besser, nein, noch schlechter: Es hat nicht geschneit. Es hat nur gefroren. Stark und urplötzlich. Dazu geht ein eisiger Wind, und manchmal schüttet es eimerweise Hagelkörner vom Himmel. Sie sind erkältet, Ihr Hals tut weh, und alle Glieder schmerzen. Es ist sieben Uhr morgens. Sie als Hausfrau oder Hausmann sind für das Versorgen der Pferde zuständig. Sie gehen hinaus, in einen alten Mantel gehüllt. Die Pferde begrüßen Sie freudig aus ihren geöffneten Lukenfenstern. Kälte macht denen nichts aus. Die Pferde scheinen gut gelaunt zu sein, gespannt, was der neue Tag bringen wird.

Sie teilen Futter aus. Vorsichtshalber weniger Kraftfutter als sonst und schleppen Wasser für die Notträn-ken, die Eimer, die in den Boxen hängen. Die Selbsttränken haben Sie noch spätabends vorsichtshalber abgestellt. Sonst hätten Sie heute auch noch mit einem Rohrbruch zu kämpfen.

Die Pferde mahlen genüßlich vor sich hin. Sie legen ihnen Heu vor und eilen wieder in Ihre warme Küche. Eine Tasse Kaffee gibt die Kanne noch her. Was nun? Heute abend ist Reiterball. Sie wollten so gern hin. Doch dafür müßte zum Friseur gefahren und ein Kleid bei der Schneiderin abgeholt werden. Oder der Anzug aus der Reinigung. Doch wie sollen Sie das schaffen? Es ist spiegelglatt draußen, Sie fühlen sich matt und krank und: Wie bewegen Sie heute die Pferde?

Der Paddockboden ist hart und

kraterartig aufgebrochen. An Reiten ist nicht zu denken. An Laufenlassen auf der Weide auch nicht. Dort ist der Eingangsbereich eine einzige tiefgefrorene Hügelkette. Auch dahinter strotzt die Weide nur so von kantigen, tief durchgefrorenen Matschkuhlen. Wenn die Pferde ruhig und vorsichtig hinausgehen würden ... ja, dann ... Doch die Viecher fangen, besonders bei dieser Kälte, sicher sofort quietschvergnügt zu toben an. Und dann bröckeln die Hufe ab, da beide Pferde ein Eisen verloren haben, und der Schmied ist lange überfällig. Zu kurze Hufe aber wären noch ein Alptraum mehr.

Während Sie noch dastehen, Röders Heilöl inhalieren und nachdenken, ruft eine Freundin an. Ja, sie gehe zum Reiterball. Oh, sie freue sich schon sehr darauf. Heute lasse sie ihr Pferd von einem Bereiter in der großen Halle arbeiten. So bliebe mehr Zeit für die Festvorbereitungen. Ihre Freundin fragt weiter: »Wie kommt ihr zurecht da draußen? Es muß hübsch aussehen bei euch jetzt. So mit dem glitzernden Frost in den alten Bäumen.«

Sie antworten entweder, ja, alles sei prima. Oder, wenn es eine gute Freundin ist, sagen Sie: »Du, ich weiß nicht mehr aus noch ein. Mir fällt gleich die Decke auf den Kopf. Seit Tagen habe ich keine Menschenseele mehr gesehen. Hugo (oder Elise) kommt erst heute abend von einer Dienstreise zurück. Die Pferde reden ja nicht mit mir. Und im Augenblick weiß ich nicht, wie ich sie über diesen vermaledeiten Winter bringen soll. Wenn ich ihn überhaupt selbst überlebe. Mir geht es schlecht.«

»Warum?« fragt die Freundin, »du bist doch sonst so gern da bei euch auf dem Land?«

Sie antworten: »Im Prinzip ja. Doch ich schaff' es im Augenblick nicht, die Arbeit eines Tages auch an einem Tag zu erledigen. Ich hab' Fieber. Ich sollte mich ins Bett legen. Aber ich muß die Karotten aus der Kälte in den Keller schleppen und einen Mistzirkel anlegen, damit ich die Pferde wenigstens longieren kann. Wenn sie Kolik wegen Bewegungsmangel bekommen, kann uns hier nicht mal der Tierarzt erreichen. Es soll nämlich auch noch Schnee geben. Und meine Stute nimmt ihre Box auseinander, wenn sie nicht raus kann. Ich muß also jetzt den Misthaufen auseinanderschaufeln. Jetzt sofort. Wenn der nicht auch schon gefroren ist. . .«

»Dann sehen wir uns also heute abend nicht?« fragt die Freundin enttäuscht. »Ich kann im Augenblick nur drei Minuten im voraus denken«, antworten Sie. Sie stellen sich das Kopfschütteln am anderen Ende der Leitung vor. Ganz haben die Städter es nie verstanden, warum Sie hier herausgezogen sind. Man wünscht Ihnen am Telefon nun gute Besserung, und aufmunternd wird gesagt: »Du schaffst es schon. Du hast ja immer alles geschafft.«

Heute sind Sie nicht der Meinung. Doch zu langem Nachdenken haben Sie keine Zeit. Sie müssen das Nötigste im Haushalt erledigen und dann hinaus auf den Hof. Wenigstens finden Sie noch Halstabletten und die

Pferdeversorgung bei schlechtem Wetter: Manchmal ein Alptraum.

alte, dicke Lederfelljacke von Ihrem Vater. Sie öffnen die Tür. Der kalte Wind greift Sie an. Sie ziehen die Mütze tiefer, ganz über die Ohren, und holen die Schubkarre für den Mist. Bis zum Mittagessen könnte der Longierzirkel fertig sein.

Und weiter mögen Sie im Augenblick wirklich nicht denken.

Sind Sie immer noch wild entschlossen, Pferde hinter Ihr Haus zu bringen? Ihr größter Wunsch ist es, den ganzen Tag oder jeden Abend und alle freien Tage mit Ihren Lieblingen zusammensein zu können? Sie haben einige Reitkenntnisse und (oder) ein bißchen Erfahrung mit Pferden? Sie glauben fest, allen Widrigkeiten die Stirn bieten zu können? Dann gucken wir mal…

WAS MAN VORHER ÜBERLEGEN MUSS

Was man vorher überlegen muß, ehe man zur Tat schreitet und sich wahrscheinlich für immer einem Leben verschreibt, bei dem Freud und Leid nah beieinanderliegen, bei dem aber die Freude dann doch immer wieder überlegener Sieger bleibt? Nun, unsere domestizierten Pferde brauchen eine Heimstatt wie wir Menschen auch. Wichtigstes Kriterium für Ihr Vorhaben ist darum ...

Das Haus

Wenn Sie in einem Haus wohnen, an dem Sie Pferde halten dürfen, wenn Sie auch ein Stückchen Weide daneben besitzen und schon genau wissen, was für Pferde Sie sich dort hinstellen werden, wo Sie reiten können oder wie Sie sie bewegen wollen, dann können Sie die folgenden Überlegungen schon als positiv erledigt betrachten. Sie sind dann gewissermaßen schon einen Schritt weiter als die Reiter und zukünftigen Pferdehalter, die eventuell ganz allein auf weiter Flur dastehen und nur den einen, unüberwindlichen Wunsch in ihrem Herzen tragen: Ich möchte mit Pferden leben! Jeden Tag! Immer! Und die sich fragen: Wie fang' ich das an?

Nun, betrachten wir zuerst einmal die *augenblickliche Wohnung*. Wenn schon *ein Haus vorhanden* ist, müssen Sie überlegen, ob ein Stallanbau oder das Aufstellen von Fertigboxen möglich ist. Sie müssen gucken, wo man reiten und die Pferde bewegen kann. Wohnen Sie schon länger am Ort, hat sich meistens schon eine Verbindung zu einem benachbarten Reitstall oder einer Reitgemeinschaft ergeben. Sie kennen die Umgebung, wissen, welche Reitwege man benutzen darf, und müssen nun abwägen, ob die Pferde, die Sie am Haus halten wollen, auch ihrer Art entsprechend dort leben können.

Anders sieht es aus, wenn Sie *ein Haus kaufen* wollen oder *ein Grundstück*, um darauf alles nach Ihren Wünschen neu zu bauen. Oder Sie möchten ein Stück Land pachten. Da sehe ich Sie vor mir, mit den großen Zeitungsseiten, Spalte Grundstücksverkäufe, ausgebreitet auf dem Tisch. Sie rufen Makler und Privatpersonen an, und Ihre Telefonrechnung klettert parallel zu Ihrem Benzinverbrauch. Sie werden oft unterwegs sein. Was in den Anzeigen als »herrliche Alleinlage« angepriesen wird,

Hier kann man sich wohlfühlen.

entpuppt sich oft als unbrauchbares Grundstück neben einer vielbefahrenen Straße. Andere Menschen wußten schon vor Ihnen, daß man an einem solchen Ort seines Lebens nicht froh werden kann.

Oder Sie fahren erwartungsvoll zu einem stillgelegten Bauernhof, einem sogenannten *Resthof* mit Weideland dahinter, und stellen fest, daß das Gebäude einsturzgefährdet ist, also nicht mehr bewohnt werden kann. Es abzureißen und neu zu bauen, ist nur empfehlenswert, wenn Sie genügend Geld besitzen und gerade diese Lage für Ihr neues Haus wünschen. Denn das Abreißen kostet zusätzlich eine hübsche Summe.

Finden Sie ein brauchbares *altes Bauernhaus*, ist das ein Glücksfall. Meistens gibt es dann dort auch rundherum alte Stallgebäude, in die man Boxen bauen kann. Eventuell sind auch noch im Hauptgebäude Pferdeställe vorhanden. Dann müssen Sie überlegen, ob Ihnen der alte Wohntrakt der Bauernfamilie auch zum Wohnen genügt und ob Sie die Ställe neben der Tenne erhalten wollen. Oft hat man aber den Wunsch, die Tenne in einen schönen, großen Wohnraum zu verwandeln. Außerdem müssen Sie daran denken, daß aus Boxen in der Tenne immer Pferdegeruch in die Wohnräume zieht. Sie finden das sicher herrlich. Sie lieben ja alles, was mit Pferden zu tun hat. Doch wenn Sie oft Besuch bekommen von Menschen, die Ihre große Passion nur aus der Ferne ganz toll finden, ist es besser, die Ställe etwas abseits des Haupthauses einzurichten. Außerdem ist es meistens umständlicher, die Pferde vom Bauernhaus aus auf die Weide zu bringen.

Kaufen Sie ein *Einfamilienhaus*, ist die Grundstücksgröße entscheidend. Sie selbst sind sicher bereit, auf einige Quadratmeter Wohnraum zu verzichten. Sie wollen ja sowieso die meiste Freizeit auf dem Rücken der Pferde und nicht im Sessel vor dem Fernsehgerät verbringen. So kann also ein kleines Haus auf großem Grundstück ein Glückstreffer sein. Sie haben Platz für Stall und Paddock und alles andere, über das wir später noch sprechen.

Am schönsten ist es natürlich, auf noch *unbebautem Grundstück* frei schalten und walten zu können. Sie lassen sich von einem Architekten einen Bauplan nach Ihren Wünschen ausarbeiten. Wobei die Betonung auf »Ihren Wünschen« liegen sollte! Denn der Architekt weiß nicht, daß es Ihnen mehr bedeutet, von der Küche und vom Wohnzimmer aus die Boxentüren zu sehen, als Vormittagssonne und Nachmittagssonne im Wohnzimmer zu haben. »Pferdeleute sind eben ein bißchen verrückt«, können Sie zu dem Herrn sagen, wenn er meint, daß man wohl nicht immer die Pferde im Auge haben müsse. Man muß! Sonst könnten Sie sich ja das ganze Theater mit dem Neubau und mit all dem, worauf Sie in Zukunft verzichten müssen, sparen.

Wenn Sie nun mit klopfendem Herzen, vor Aufregung und Vorfreude auf das neue Leben, einen

Man kann noch so schön im Grünen wohnen. Mit dem Ausreiten ist es eine besondere Sache: Erst die Wald- und Landschaftspflegegesetze studieren, die regional unterschiedlich sind.

t müssen Sie sich durch den chungel der Paragraphen durcharbeiten.

Kaufvertrag unterschreiben wollen, lassen Sie sich von mir ein lautes »Halt!« zurufen. Viel lauter als Ihr Reitlehrer je geschrien hat. Noch sind Sie nicht in der Lage, sich dieses Traumobjekt zu sichern. Sie müssen noch erkunden, ob man dort überhaupt *Pferde halten darf.*

Wenn Ihnen der Bürgermeister des Dorfes sagt, daß alles in Ordnung sei, so ist es das wohl auch. Gibt es eine Gemeindeverwaltung, bitten Sie dort, daß man in den entsprechenden Akten für Sie wühlt. Geben Sie nicht gleich auf, wenn man Ihnen ein hartes »Nein!« serviert. Besorgen Sie sich selbst die entsprechenden *Gesetzestexte* für bebaute Gebiete. Das sind *Baugesetzbuch und Baunutzungsverordnung.* Studieren Sie sie, so wie ich es für Sie getan habe.

Man erfährt, daß Ställe (und damit später auch Tiere) »wegen der von ihnen möglicherweise ausgehenden Störungen wie Gerüche, Geräusche und Fliegen, der sorgfältigen Abwägung der Interessenlagen bedürfen«.

Gut, wenn eine Reithalle in der Nähe ist, die man im Winter oder bei schlechtem Wetter mitbenutzen darf.

Ob man Pferde hinter dem Haus halten darf, erfahren Sie aus den Gesetzestexten für bebaute Gebiete. Das sind:

- Baugesetzbuch,
- Baunutzungsverordnung

Wo man ausreiten darf, erfahren Sie in den

- Waldgesetzen,
- Natur- und Landschaftspflegegesetzen der verschiedenen Bundesländer.

Das soll heißen: Antragsteller und Nachbarn müssen sich einigen. Man erfährt weiter, daß die Größe des Grundstücks und die üblichen Gegebenheiten im Wohngebiet berücksichtigt werden müssen. Es kann sein, daß man Ihnen nicht erlaubt, Pferde hinter dem Haus zu halten, obwohl Ihr Grundstück an einer Seite an die Ländereien eines Bauernhofes grenzt.

Allgemein gültige *Kriterien der Zulässigkeit von Pferdehaltung* sind schwer zu finden. Die Hobbytierhalterei findet ihre Grenzen dort, wo sie in die Rechte anderer Menschen eingreift, die in diesem Gebiet wohnen *(Persönlichkeitsrecht, Art. 2 GG).* In Wohngebieten muß nämlich die Tierhaltung räumlich und funktionell von untergeordneter Bedeutung bleiben. So kann einem einzelnen Pferdehalter wohl erlaubt werden, die Tiere hinter sein Haus zu stellen. Sich mit anderen Reitern zusammentun und einen größeren Stall daraus machen, darf er dann noch lange nicht.

Auf großen Villengrundstücken ist es nach dem *Kommentar zur Baunutzungsverordnung von Fickert/Fieseler* vertretbar, für den Eigenbedarf Reitpferde zu halten. Auf Grundstücken von begrenzter Größe, von zum Beispiel 726 Quadratmetern in Einfamilienhausgebieten, wird das Einstellen von Pferden als »bedenklich« bezeichnet. Es wird immer wieder unterschieden zwischen gewerblicher und *Hobbytierhaltung*, die ja eng mit dem Wohnen verbunden ist. Ich kenne Familien, die schon jahrelang Pferde hinter dem Haus halten, doch keinen Misthaufen anlegen dürfen. Deren Pferde stehen auf Matratzen (darüber sage ich später noch mehr), und der Mist wird gleich nach dem Ausmisten abgefahren. So eine Regelung erschwert natürlich das Leben mit Pferden. Sie müßten sich besonders gut überlegen, ob Sie Pferde auf einem solchen Grundstück halten wollen oder können.

So, das war ein beschwerliches Suchen und Durchdenken. Ich habe eine Tasse Kaffee auf Ihre Rechnung verdient, ja? Vielleicht werden Sie bei Ihrer Suche ja sehr schnell fündig. Oder besser: Es tauchen beim Grundstückskauf überhaupt keine Probleme betreffs (ich habe jetzt Beamtendeutsch gelernt!) Pferdehaltung auf.

Auch Sie, die Sie schon ein Haus besitzen und eines Tages einen Pferdestall bauen wollen, müssen sich gut informieren, ob das erlaubt ist. Die Enttäuschung, wenn man es *nicht* darf, ist um so größer, je mehr man sich schon auf das Leben mit den Rössern gefreut und Arbeit und Geld in Um- und Anbau gesteckt hat.

Wenn Sie nun jubeln, weil Sie dort, wo Sie wohnen oder wohnen werden, Pferde halten dürfen, sollten Sie erst noch überlegen, ob es auch ein gutes Leben sein wird für Ihre Pferde und für Sie. Pferde sind Lauftiere. Sie brauchen zumindest einen Paddock zum Bewegen neben der täglichen Arbeit unter dem Reiter oder vor einem Wagen.

Eine *Weide am Haus* ist natürlich das Schönste für beide Seiten. Die Pferde fühlen sich frei und in frischer

Luft wohl. Und Sie sich auch. Nicht nur, weil Ihre Lieblinge so zufrieden sind, sondern weil es Ihnen viel Arbeit im Stall, ja, und auch viel Reitenmüssen erspart. Denn je seltener Sie die Pferde frei laufen lassen können, desto mehr Bewegung müssen Sie ihnen auf andere Weise verschaffen.

Für zwei Pferde ist ein Hektar Weideland ideal. Das ist ungefähr die Größe eines Fußballfeldes. Darauf können zwei Pferde den ganzen Sommer leben und müssen Kraftfutter nur bei starker Belastung dazubekommen.

Auch eine kleine Wiese ist aber immer noch besser als nur ein *Sandauslauf*. Und wenn doch nur ein Sandauslauf zur Verfügung steht und Sie irgendwo frisches Gras mähen können, ist das auch eine akzeptable Lösung. Je länger Sie Pferde haben werden, desto geschickter werden Sie, die eventuellen Mängel Ihrer Pferdehaltung durch andere Vorteile auszugleichen.

Vor der Entscheidung für Pferde hinter dem Haus ist es wichtig, sich das *Ausreitgelände* anzusehen. Auch wenn Sie nur Dressurreiten wollen, auf einem Dressurviereck, in Ihrem

Schon wieder: Reiten verboten!

Paddock, Ihrer oder einer nahen Halle, sollten Sie Ihrem Pferd doch die Freude machen, hin und wieder entspannt durchs Gelände schreiten, traben oder galoppieren zu dürfen. Das erleichtert am folgenden Tag die Arbeit sehr.

Allerdings können Sie noch so schön und günstig für alle Möglichkeiten der Reiterei wohnen, Wald und Wiesen vor der Haustür haben, – mit dem Ausreiten ist es eine besondere Sache. Ganz einfach ausgedrückt: Es ist nicht überall erlaubt. So muß also jetzt wieder in die Akten der Gesetzgeber geguckt werden. Denn Sie sollten wissen, ob und wo Sie ausreiten dürfen, ehe Pferde ans Haus kommen. Auskunft geben *die Waldgesetze und die Naturschutz- und Landschaftspflegegesetze der Bundesländer*. Ich habe die Blätter für Sie studiert. Klopfen Sie mir dafür auf die Schulter. Danke! Das tut gut. So sollen Sie denn erfahren, daß das Reiten in Wald und Flur in allen Ländern unterschiedlich geregelt ist. Mal ist es grundsätzlich erlaubt, im Wald zu reiten, außer in Naturparks und Erholungswäldern (da auf beschilderten Wegen allerdings auch), mal nur auf ausdrücklich gekennzeichneten Wegen. Staatsforstbetriebe müssen allerdings ausreichend viele Wege zur Verfügung stellen. Wenn Sie den Eindruck haben, man zieht Jäger und Spaziergänger vor, können Sie bei Ihrer Gemeinde mehr Reitwege beantragen, also Ihre berechtigten Ansprüche geltend machen.

Glück haben Sie, wenn Sie Nachbar eines Privatwaldbesitzers sind. Dann läßt sich mit dem Mann vielleicht etwas aushandeln. Nicht alle Waldbesitzer haben nämlich etwas gegen Reiter.

Außerhalb des Waldes, in der freien Natur (der Gesetzgeber spricht von Flur), können Sie auf öffentlichen Wegen und Straßen hoch zu Roß einherziehen. Auf Privatwegen wird es schon wieder kompliziert. Da schreibt einmal das Gesetz vor, daß ein Eigentümer Ihnen das Reiten auf seinen befestigten Wegen erlauben muß, solange Sie keinen Schaden anrichten; ein andermal dürfen Sie Privatwege nur bereiten, wenn Sie die ausdrückliche Erlaubnis dafür besitzen. Sie müssen sich also wieder mit den vielen Paragraphen befassen, die in dem fast unverständlichen Amtsdeutsch Auskunft geben möchten, was gerade in Ihrem Bundesland zur Landschaftspflege beschlossen worden ist.

Wichtig ist, daß Sie versuchen, sich wenigstens einen Rundweg als Ausrittweg zusammenzustellen und dafür die erforderlichen Genehmigungen zu bekommen. Besonders, wenn Sie von Ihrem Haus und Stall aus auf dem Weg ins Gelände durch bewohntes Gebiet reiten müssen.

Ungenutzte Flächen in einer Landschaft (Dünen, Moore und Feuchtbiotope) dürfen meistens nicht betreten oder beritten werden, abgeerntete Felder dagegen oft, wenn man den Bauern freundlich fragt.

Auch wenn neben dem Haus Ihrer Wahl ein traumhaftes Reitgelände liegen sollte, unterschreiben Sie den Kaufvertrag noch nicht.

Wer die Möglichkeit hat, eine Halle mitzubenutzen, kann »freispringen« lassen.

Noch lange nicht! Und bestellen Sie auch noch keine Boxen und Zaunmaterial. Sie sind leider noch lange nicht am Ende Ihrer Vorüberlegungen. Gucken Sie nun erst einmal, ob es in der Nähe Ihres Wunschwohnortes einen *Reitstall* gibt. Am besten mit einer Halle. Es kann geschehen, daß Sie Hilfe brauchen, wenn Sie einmal krank werden sollten oder in Urlaub fahren möchten. Vielleicht droht auch mal ein Polarwinter. Dann wäre es gut zu wissen, daß man seine Pferde in einer nahen Reithalle bewegen und arbeiten darf. Man reitet je nach Entfernung hinüber, führt die Pferde oder verlädt sie. Zur Not könnte man sie auch eine Zeitlang dort unterstellen. Solche Möglichkeiten beruhigen

Gut, wenn man zu einer Halle fahren kann.

sehr, wenn man sich selbständig macht.

Gehen Sie zu dem Stallbesitzer in Ihrer Nähe, und sprechen Sie mit ihm. Schauen Sie sich die Halle an und die Boxen, und lassen Sie sich eventuell schon Plätze für den Winter reservieren. Allerdings müssen Sie gut überlegen, ob Sie Ihren Pferden einen Stallwechsel zumuten können. Es kommt auf die Art Ihrer Pferdehaltung an. Robust oder mit Auslauf gehaltene Pferde kann man nicht einfach in einen Reitstall stellen, in dem die Pferde das ganze Jahr in ihren Boxen verbringen müssen. Der Freiheitsentzug und die womöglich schlechte Luft würden sie quälen und krank machen.

Einen Hufschmied müssen Sie auch ausfindig machen. Er muß Sie nämlich alle sechs bis acht Wochen besuchen. Und einen *Tierarzt*, der in der Nähe wohnt und notfalls ganz schnell kommen kann, brauchen Sie auch. Wenn es nämlich darum geht, beispielsweise eine Kolik zu behandeln, kann ein langer Anfahrtsweg des Doktors die Sache noch verschlimmern. Bei Beinverletzungen oder anderen Krankheiten Ihrer Pferde ist ja nicht immer Supereile geboten. Da kann man schon einmal einen Spezialisten, der weiter weg wohnt, anrufen.

Nun sind Sie schon ein ganzes Stück weiter in Ihrer Planung. Doch halt! Auch wenn Sie alles, was wir bisher besprochen haben, als geregelt abhaken können, sollten Sie noch nicht begeistert ausrufen: »Es geht los! Wir werden Pferdehalter hier zu Hause!« Bis jetzt haben wir ja nur über Häuser und Grundstücke gesprochen. Ganz wichtig ist es, jetzt darüber nachzudenken, was für Pferde Sie da morgens im Pyjama vom Schlafzimmerfenster aus auf der Weide hinter Ihrem Haus sehen möchten. Denn nach der Pferdeart richtet sich, welche Anforderungen Sie an Ihr Grundstück und an sich stellen müssen. Darum lenke ich Ihren Blick jetzt auf...

Die Pferde

Ich gehe davon aus, daß Sie schon ein wenig Erfahrung mit Pferden haben, daß Sie auch Reitkenntnisse besitzen und (oder) schon ein oder mehrere Pferde besitzen. Bitte, lassen Sie mich das, was in dem Titel dieses Buches steht, noch einmal deutlich sagen: Es geht hier um Pferde hinter dem Haus. Um mehrere Pferde also! Meistens sind es ja auch mehrere Menschen, die zusammen die Pferdehaltung daheim aufbauen: Eine Familie, ein Paar, zwei Freunde, Mutter und Tochter und so weiter. Sie wollen gemeinsam reiten.

Ein Pferd allein hinter das Haus zu stellen, ist Tierquälerei. Pferde sind Herdentiere. Sie brauchen Artgenossen um sich. Sie sind nicht fähig, so eng mit Menschen in einer Gemeinschaft zu leben wie Hunde, die nach unserem besten Wissen und Gewissen den Artgenossen nicht sehr vermissen.

Auch wenn Sie Stunden des Tages bei Ihrem Pferd verbringen, es beschäftigen und ablenken, so oft Sie können, auch wenn Sie wirklich den Eindruck haben, Ihr Pferd fühle sich wohl und sei nicht einsam, glauben Sie mir: Es ist einsam, wenn es allein in einem Stall und auf der wunderschönen Koppel leben soll. Wenn das Pferd sprechen könnte, würde es Ihnen in einer stillen Stunde seine Einsamkeit beichten und Sie gleichzeitig um Verzeihung bitten für seinen Undank, bei all der Zuwendung, die Sie ihm geben.

Ein einzelnes Pferd gehört in einen Reitstall oder zu Freunden ans Haus, wo es mit Artgenossen zusammensein kann. Oder zu einem Bauern, wo andere Pferdebesitzer ihre Tiere untergestellt haben. Für kurze Zeit kann man einem Einzelpferd einen Ziegenbock zur Gesellschaft hinstellen, oder noch besser: Ein Pony, wenn es auch noch so winzig ist. Doch dann ergeben sich gleich Weideprobleme. Ponys vertragen das fette Gras des Frühjahrs nicht. Schon müssen die neuen Freunde wieder getrennt werden.

Wenn Sie nun fragen, »warum soll ich jetzt schon überlegen, was für

Wer nur Zeit sparen will, sollte sich seine Pferde nicht aus dem Reitstall ans Haus holen.

Doch wer Ausmisten und Heueinfahren einem Stau auf der Autobahn vorzieht, darf zur Tat schreiten.

Welches Pferd paßt zu mir?
Von oben nach unten:
Araber, Holsteiner, Isländer,
Norweger, Schetty.

Sie kennen sich, sie mögen sich!

Pferde ich mir hinter das Haus stellen will? Ich kann doch erst einmal alles andere vorbereiten!«, dann antworte ich Ihnen: »Die verschiedenen Pferde(rassen) brauchen verschiedene Ställe, andere Zaunhöhen und Auslaufmöglichkeiten, also verschieden viel Platz, unterschiedliche Bauten, und sie beanspruchen Ihr Portemonnaie und Ihre Zeit ungleich.«

Welche Pferde Sie sich hinter das Haus stellen, hängt davon ab, welche Sie lieben, wieviel Platz Sie haben, was Sie sich als Beschäftigung mit ihnen vorstellen und wieviel Zeit und Geld Sie aufbringen wollen. Sind Sie Dressur- und Springreiter oder Fahrer und möchten an Turnieren teilnehmen? Oder werden Sie hauptsächlich ausreiten und manchmal auf einem Reitplatz reiten und longieren? Vielleicht interessiert Sie aber auch ganz besonders die Ponyhaltung für die Kinder oder das Leben mit Robustpferden?

Als *Turnierreiter* braucht man gute Trainingsmöglichkeiten, also einen *Reitplatz*, am besten bei sich am Haus, und eine *Reithalle* wenigstens in der Nähe. Zum *Nur-Ausreiten* und Fahren genügen *Auslauf und Weide* am Haus und ein gutes Reit- und Fahrgelände. *Ponys* für die Kinder sollten auch auf einem *Reitplatz* bewegt werden können oder auf einem Stück Weide. Auch darf das *Reitgelände* nicht zu weit entfernt sein, weil oft die Erwachsenen zu Fuß oder mit dem Fahrrad die Begleitung übernehmen müssen. *Robustpferde* brauchen ebenfalls Weideflächen, und Sie können auf einen Reitplatz verzichten, wenn Sie von Ihrem Haus aus schnell ins Gelände kommen. Über das Züchten wollen wir hier nicht sprechen. Wenn Sie sich das wünschen, müssen Sie sich mit einem erfahrenen Züchter in Verbindung setzen. Allerdings sind schon manche gute Fohlen in einem Stall hinter einem Privathaus geboren worden.

Erkennen Sie, daß man sich fragen muß, was man möchte, damit man sich die richtigen Pferde kauft? Und was man von diesen Wünschen, das Grundstück betreffend, verwirklichen können wird?

Wichtig ist auch, daß Sie sich darüber klar sind, wieviel Zeit Sie für Ihre Pferde zur Verfügung haben werden. (Über Zeit werden wir später noch ausführlich sprechen). Sie können noch so gern ein Dressur- und Turnierreiter oder -reiterin sein wollen – wenn Sie nur am Wochenende aufs Pferd kommen, weil Ihr Geschäft oder der lange Arbeitstag es an Wochentagen kaum ermöglichen, wird nichts aus diesem Wunsch. Zu jeder Kunst gehört Übung. Sie müssen sich also für eine weniger zeitintensive Reiterei entscheiden. Das könnte das sogenannte Freizeit- oder Hobbyreiten sein. Diese Ausdrücke werden für alle Reiter benutzt, die ohne besonderen Ehrgeiz reiten. Oder nur dann Dressurreiten oder Springen oder ins Gelände gehen, wenn es Ihre Zeit erlaubt. In der übrigen Zeit werden die Pferde von einer anderen Person bewegt oder in einem Auslauf und auf der Weide gehalten.

In dem Fall brauchen Sie ein gutes, gehfreudiges *Gebrauchspferd* und kein sensibles, hochtalentiertes *Sportpferd*. Auch Ponys nehmen ihren Besitzern nicht viel Zeit weg. Kinder helfen gern und können, unter gelegentlicher Aufsicht, die Tiere schon bald allein versorgen. Die meisten Ponys sind Robustpferde und nehmen es nicht übel und werden nicht gleich krank, wenn sie nicht so oft bewegt werden wie Großpferde. Sie sind also gerade für Erwachsene, die nicht viel Zeit zum Reiten haben, eine gute Wahl. Ärgern Sie sich nicht, wenn man Ihnen sagt, Sie seien viel zu groß für so ein Pferd. Viele Robustpferde tragen ohne Mühe einen Erwachsenen und zeigen viel Temperament und Gehlust, wenn man erst einmal auf ihrem Rücken sitzt. Wichtig ist doch, daß Sie Freude am Reiten haben und nicht, ob Sie auf Ihrem Pferd besonders toll aussehen.

Auch ein Fohlen kann hinter dem Haus großwerden. Doch in einer Herde wäre es besser aufgehoben.

Für welche Pferde oder Pferderasse Sie sich entscheiden, hängt auch von dem vorhandenen Geld ab. Sie können sich einfache Gebrauchspferde kaufen. Oder ganz *junge Pferde*, die noch zugeritten werden müssen; *ältere Pferde*, die für den Leistungssport nicht mehr zu gebrauchen sind, aber bei Ihnen noch jahrelang jeden der Familie durch Wald und Flur tragen; oder Ponys, die im *Unterhalt* billiger sind. Alle diese Pferde kosten nicht so viel wie *Leistungspferde* mit bereits abgeschlossener Grundausbildung oder Pferde, die aufgrund ihrer Abstammung große Hoffnungen auf Erfolge bei Turnierprüfungen wecken. Doch Sie sollten nie ohne fachmännische Begleitung ein Pferd ansehen oder gar kaufen. Denn Pferde zu kaufen ist schwer, will man einen guten Kauf tätigen. Vier Augen sehen mehr als zwei, und es ist gut, für eventuelle Reklamationen einen Zeugen zu haben.

Wenn Sie allerdings das *Schulpferd*, das Sie jahrelang geritten haben und jetzt hinter Ihr Haus stellen wollen, kaufen möchten, werden Sie das auch allein entscheiden können. Bei einem solchen Pferdekauf entscheidet (ausnahmsweise!) mehr das Herz als der Verstand. Aber bitte, dieser Fall soll die Ausnahme bleiben. Und der kleine Wallach von

Jedem das Seine. Jeder verbindet mit Reiten andere Vorstellungen.

Freund Joachim? Gut, ich drücke beide Augen zu. Das Pferd war ja sowieso nie krank.

Es werden sich aus den Überlegungen, was für Pferde Sie hinter dem Haus haben möchten oder können oder sollten, aus diesem Wie und Was und Wo die verschiedensten Kombinationen ergeben. Einige Beispiele:

Sie haben jahrelang eifrig und begeistert Dressurreiten in einem Reitstall geübt. Irgendwann gefällt es Ihnen da nicht mehr. Sie bauen sich einen Stall und werden zu einem Nur-Ausreiter, weil hinter Ihrem Haus kein Platz für ein Reitviereck ist.

Oder: Ihre Kinder haben von Ihnen die Liebe zu Pferden geerbt. Sie wollen jetzt mit Ihren Sprößlingen gemeinsam reiten. Sie kaufen Robustpferde und werden Wanderreiter, während Sie als Junggeselle auf dem Weg vom Stall zur Reithalle Ihres Vereins über alle Reiter mitleidig gelächelt haben, die immer nur zum Ausreiten aufsaßen.

Es kann natürlich auch umgekehrt kommen:

Ein Pferd, das zu ihr paßt!

Sie besaßen ein braves, geländesicheres Hobbypferd und wollten von Bahnfiguren und Aussitzen nie etwas wissen. Jetzt, hinter Ihrem Haus auf Ihrem eigenen Viereck, entdecken Sie plötzlich die Freuden des Dressurreitens, erstehen ein wertvolles, junges Pferd und versuchen, sich mit Hilfe eines Reitlehrers, der stundenweise kommt, in die höheren Klassen der großen Reiterei vorzuarbeiten.

Wissen Sie, Sie sollten sich für ein Pferd entscheiden, das zu Ihnen paßt. Sagen Sie jetzt bitte nicht: »Wenn ich wüßte, welches zu mir paßt, brauchte ich mir Ihre Worte jetzt nicht anzuhören.« Sie wissen nämlich, was für ein Pferd oder welche Pferde zu Ihnen passen! Sie müssen nur in sich hineinhören und so ehrlich sein, das anzunehmen, was Sie in sich finden. Wenn Sie sich eingestehen, daß Sie am liebsten eines dieser meist zottelig aussehenden, kleinen Islandpferdchen besitzen würden, die sehr gut einen erwachsenen Reiter tragen können (auch wenn sie manchmal überlastet aussehen, sie sind es bestimmt nicht!), also, wenn Sie sich ein solches Pferd wünschen und nur Angst haben, Ihre Reiterkameraden könnten Sie auslachen, dann sollten Sie jetzt lächeln. Selbstsicher und fröhlich! Denn wenn Ihre Freunde sagen »Michi, wie tief bist du gesunken!«, dann stimmt das. Sie sind auf Ihrem Isi dem Erdboden ein Stückchen näher als Reiter auf Großpferden. Was die Freunde allerdings gemeint haben, stimmt nicht. Sie haben die berühmte englische Reitweise nicht verraten. Sie sind nicht weniger sportlich als die anderen (Isis können übrigens auch Dressur gehen), und Sie können noch immer mitreden, wenn Pferdeleute beieinanderstehen und fachsimpeln. Im Gegenteil: Sie haben jetzt sogar noch eine neue Erfahrung einzubringen. Sie sind ja nun auch noch Robustpferde-Kenner.

Und Sie sind glücklich. Denn nur ein Pferd, das zu Ihnen paßt (und nun wissen Sie, daß damit nicht die Größe gemeint ist), wird Ihnen auf Dauer die Freude bringen, die Sie sich erhofft haben, als Sie all die Entbehrungen auf sich nahmen. Denn eins ist ganz klar: Wenn Sie sich für Pferde hinter dem Haus entscheiden, wird Ihr Leben nicht mehr so sein, wie es bis dahin gewesen ist. Es wird sich verändern.

Ich habe ganz bewußt von »Entbehrungen« gesprochen, denn jetzt möchte ich Ihnen etwas nahebringen, wovon Sie eine Menge benötigen für die Pferdehaltung, das Sie aber nie wieder in großen Portionen übrig haben werden. Es ist ...

Die Zeit

Meine Freundin Felicitas sagte einmal zu mir: »Weißt du, als wir unsere Pferde noch im Reitstall stehen hatten, kam ich mehr zum Reiten als jetzt, da sie endlich hier am Haus sind. Damals mußte ich morgens losfahren, um sie dort zu reiten und nach dem Rechten zu sehen. Ich hätte keine Ruhe gehabt sonst. Weißt du, da konnte sich Besuch angemeldet haben, der Sohn Hilfe bei den Schularbeiten benötigen oder ein Einkauf gemacht werden müssen – vorher hatte ich zu den Pferden zu fahren. Selbst Tante Lotte hatte eingesehen, daß sie erst drankam, wenn ich bei den Pferden gewesen war. Heute, seit unsere Lieblinge da draußen im Paddock stehen und ich jederzeit mal eben reiten könnte, kommt immer was dazwischen. Es klingelt das Telefon, eine Nachbarin bittet um Hilfe, der Schornsteinfeger

»Jetzt bin *ich* dran!«

will ins Haus. Manche unserer Besucher verstehen auch nicht, daß ich um halb fünf vom Kaffeetisch aufstehen muß, weil die Pferde noch nicht bewegt worden sind und es gleich dunkel wird.«

»Ja, das kenne ich«, habe ich meiner Freundin geantwortet, »zu mir sagt man oft: Mußt du denn heute auch reiten? Wo wir da sind? Doch es ist ja so oft jemand da. Wenn ich dem nachgeben würde, müßten meine Pferde fast immer ohne mich auskommen.«

Sie werden jetzt einwenden, daß Sie ja gerade dieses Zeitproblem lösen wollen, indem Sie sich Ihre Pferde hinter das Haus stellen. Sie sagen mir, daß Sie nun lange Anfahrtswege zum Reitstall sparen und immer mal so zwischendurch reiten können und wollen. Immer, wenn Ihnen danach ist.

Nun, auf der einen Seite haben Sie recht. Fahrzeit zu sparen ist, auch für die Umwelt und Ihre Nerven, ein großer Gewinn. Andererseits wird die Zeit, die Sie sonst auf der Landstraße oder der Autobahn verbracht haben, nirgendwo in Ihrem neuen Leben auf dem Lande wieder als freie Zeit auftauchen. Denn Sie werden viel mehr Arbeit mit Ihren Pferden haben als vorher. Sie werden nicht mehr nur Reiter sein. Sie werden die Arbeit eines Stallmeisters, eines Bauern und eines Gärtners mitübernehmen müssen. Dazu noch manchmal die Funktion eines Reitlehrers, eines Tierarztes, eines Kammerjägers (ja, auch!), eines Holzfällers und eines Baggerfahrers. Es sei denn, Sie können sich für alle Arbeiten Hilfe kommen lassen. Doch Menschen, die einsamen Pferdehaltern für Geld oder aus Pflichtgefühl und Freude zu Hilfe eilen, gibt es nicht viele.

Habe ich Ihnen nun den ganzen Schwung genommen? Bin ich soeben dabei, Ihnen die Freude auf den eigenen Minibauernhof zu verderben? Oh, bitte, das wollte ich nicht. Ich muß Ihnen aber doch sagen, was auf Sie zukommt, wenn Sie mit dem erregenden Gedanken im Kopf herumlaufen, pferdemäßig selbständig zu werden. Darum habe ich Ihnen auch die Idylle und den Alptraum am Anfang dieses Buches beschrieben.

Sehen wir uns doch mal der Reihe nach an, was Sie zusätzlich zu tun haben werden. Die Stunden, die Sie bisher für Ihr Pferd hatten, wollen Sie sicher behalten. *Pflegen, Reiten* oder *Fahren, Longieren* oder *Laufenlassen* waren vielleicht schon Tagesarbeit für Sie. Oder Sie sind nur an einigen Tagen in der Woche geritten. Oder nur ganz selten. Das wird nun mehr. Es sei denn, Sie entscheiden sich für Pferde, die wenig Bewegung und Pflege brauchen.

Jetzt kommt als Zeitaufwand für Sie noch dazu:

- Das *Füttern, Misten* und *Einstreuen.* Und das muß täglich sein. Füttern am besten dreimal am Tag, Misten jeden Tag einmal, und alles

Der Tierarzt und der Schmied sind die engsten Verbündeten für Leute mit Pferden hinterm Haus.

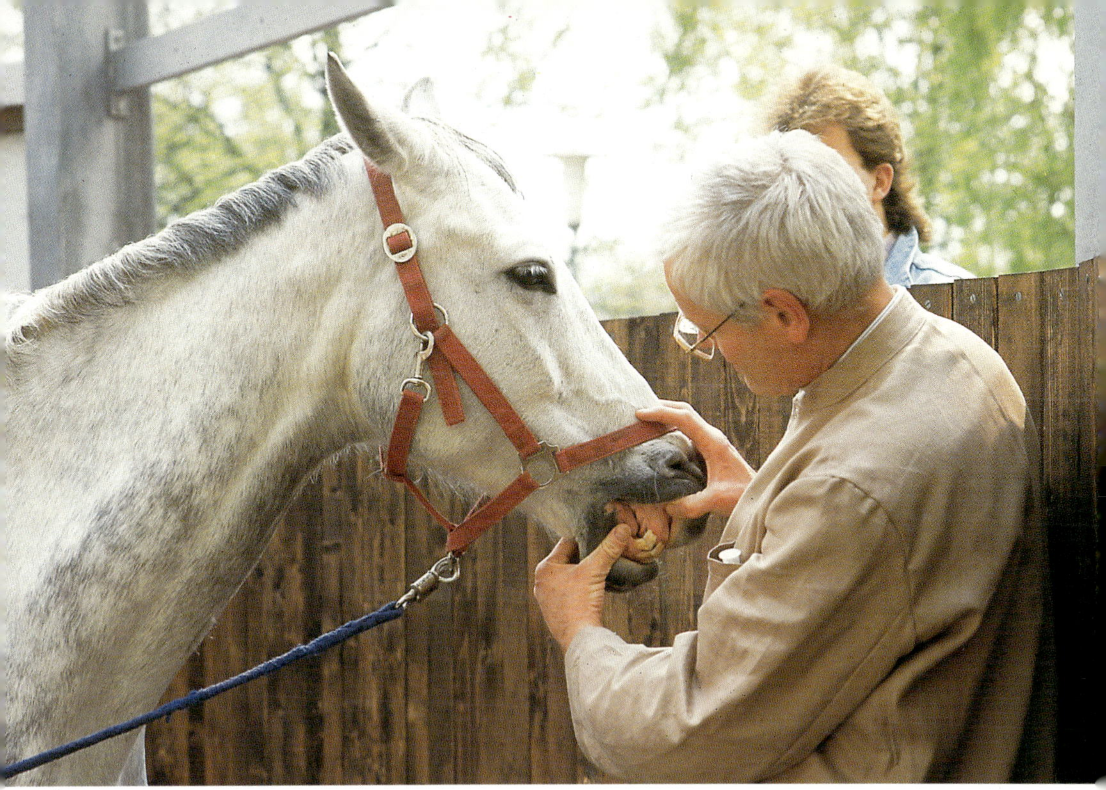

auch ... hören Sie bitte gut zu! ... sonnabends und sonntags. Das ganze Jahr hindurch! Sind Sie sicher, daß Sie das genüßliche Ausschlafen am Wochenende nicht vermissen werden? Pferde brauchen ihr Futter jeden Tag zur gleichen Zeit. Auch wenn man sich mit dem Partner abwechselt – es wird nicht mehr so wie früher sein, als man sich nach einer fröhlichen Party selig ins Bett sinken lassen konnte, um den versäumten Schlaf weit in den nächsten Tag hinein nachzuholen. Immer warten die Pferde! Immer sind sie da und wollen und müssen versorgt werden. Auch, wenn Sie mit Grippe eigentlich ins Bett gehören oder die Tochter ihr erstes Kind erwartet.

Merken Sie, wie wichtig es ist, sich schon frühzeitig zu überlegen, was für Pferde man sich hinter das Haus stellen will? Ponys und Pferde in Robusthaltung auf einer ganzjährigen Weide können länger allein gelassen werden als Boxenpferde mit nur stundenweisem Auslauf.

Dafür brauchen Sie auch noch Zeit:

- das Beseitigen des Mistes
- die Weidepflege
- die Pflege des Auslaufs und des Reitplatzes
- das Reparieren der Zäune
- die Futterbeschaffung

Oben: Stallpferde müssen intensiver gepflegt werden als Auslaufpferde.
Unten: Frische Äpfel und feuchte Stellen sollten täglich entfernt werden.

Zur Futterbeschaffung gehört das Abladen und Verstauen des Strohs, des Heus, des Hafers, der Fertigfuttersäcke. Bekommen Sie Futter von einem Bauern, müssen Sie eventuell bei der Ernte helfen und dafür Urlaubstage einplanen.

All diese Arbeiten erledigen Sie mit der linken Hand, wenn Sie sie freudig angehen. Sie werden Ihre Zeit allerdings verschlingen, und Ihr Fernseher wird viele Jahre länger halten als in den Zeiten, in denen noch keine Pferde hinter Ihrem Haus standen.

Wenn Sie und Ihre Partner tagsüber aus dem Haus sind, müssen Sie Ihre Pferdehaltung so organisieren, daß alle Arbeiten morgens und abends erledigt werden können. Allerdings sollte um die Mittagszeit eine Person Ihres Vertrauens einen Kontrollgang machen. Problematisch wird es nur, wenn Sie den Schmied erwarten oder ein Tierarzt kommen muß. Diese verehrten und überaus vielbeschäftigten Herren, bei den Tierärzten auch Damen, lokken Sie nämlich nur zu sich, wenn Sie ihnen die Tageszeit nicht vorschreiben. Besonders Tierärzte können den versprochenen Termin oft gar nicht einhalten, weil ein anderer wichtigerer Fall dazwischenkam.

Nur absolute Pferdelaien sagen jetzt: Dann suche ich mir einen anderen Tierarzt oder Schmied. Pferdeleute haben meistens nur einen Doktor ihres Vertrauens und einen begabten Schmied. Also: Wer schwänzt die Schule? Wer geht nicht ins Büro? Wer bittet die Redaktion um Nachsicht, tauscht die Früh- mit der Spätschicht, wenn der Tierarzt oder Schmied kommen muß? Da wird es zeitlich eng, und Ihre Stirn zeigt Furchen.

Ich will nun nicht sagen, daß Sie keinen eigenen Stall bauen sollen, nur weil Sie jetzt absolut noch nicht wissen, wer für Sie einspringen könnte. Doch eine mögliche Lösung für eine kleine Katastrophe sollten Sie haben, ehe Sie sich in das Abenteuer mit Pferden hinter dem Haus stürzen. Wie schon gesagt, krank werden kann jeder mal. Und später, auch wenn Sie das jetzt noch weit von sich weisen, wollen Sie bestimmt auch mal wieder in den Urlaub fahren.

Denken Sie jetzt bitte nicht, daß ich Sie mit all meinen Horrorvorstellungen davon abbringen will, sich Pferde hinter das Haus zu stellen. Im Gegenteil. Ich hoffe sehr, daß Sie sich diesen Herzenswunsch erfüllen können und dabei so froh werden, wie es viele gleichgesinnte Pferdefreunde sind. Sie werden ganz bestimmt alle Hindernisse nehmen und im Stall Ihrer Sehnsucht landen. Gucken wir uns deshalb gleich die nächste Hürde an, die es zu meistern gilt. Jetzt geht es um die Finanzierung Ihres Traumes, um ...

Das Geld

Irgend jemand hat einmal gesagt, die schönsten Träume zerbröselten, wenn man daran ginge, ihre Finanzierung zu überlegen: Weil ja meistens die Ausführung oder Erfüllung

Pferde hinterm Haus: Man muß *alles* können.

des so schwärmerisch geplanten Vorhabens eine Menge Geld kostet. Sie sind vielleicht besser dran. Ihre Überlegungen, Pferde hinter dem Haus zu halten, sind ja womöglich aufgekommen, weil Sie Geld sparen wollen.

Wenn Sie zum Beispiel in der Stadt wohnen und zwei Pferde (Mann und Frau reiten, oder Vater und Tochter, oder Mutter besitzt zwei Pferde) in einem Reitstall untergestellt haben, müssen Sie pro Monat mindestens 1000 Mark ausgeben – nur für das Einstellen. Dazu kommen die Nebenkosten. Nun sind Sie kein fanatischer Stadtmensch und verbringen Ihre Freizeit sowieso im Grünen. Da kommt also eines Tages der Gedanke: Wir halten die Pferde selbst. Das wird billiger. Im Reitstall bezahlen Sie die Arbeit des Stallmeisters mit. Der wollen Sie nun selbst sein.

Pferde am Haus zu halten ist meistens nicht billiger, als sie in einem Reitstall unterzustellen.

Doch man hat mehr Freude für sein Geld!

Doch wo werden Sie wohnen? Gibt es dort schon Boxen, oder müssen Sie welche bauen? Da kommt die erste neue Geldausgabe auf Sie zu. Sie merken, daß Sie sich etwas vormachen, wenn Sie sagen: Wir holen die Pferde ans Haus, das kostet ja nur die Hälfte. Bei den *laufenden Kosten* können Sie tatsächlich etwas sparen. Doch Sie müssen an die erforderlichen *Aus- und Umbauten* denken, die notwendig werden, wenn Pferde gesund und zufrieden an Ihrer Seite leben sollen.

Sie sagen, Sie seien gerade in ein Haus eingezogen, an dem die Vorbesitzer auf die edelste Weise jahrelang Pferde gehalten haben? Es sei alles vorhanden, was man sich für die Lieblinge nur wünschen könne? Ich gratuliere Ihnen. Sie sind nun schon ein Stückchen weiter als alle, die gerade überlegen, ob an ihrem Haus ein *Anbau* preiswerter wäre als ein *Ausbau*. Oder ob man neue Boxen kaufen und aufstellen sollte, oder einen Stall auf althergebrachte Weise errichten.

Nun fängt das große Rechnen an. Was muß man kaufen, was kann man selbst machen? Baumaterial ist teuer, doch wer Ställe selbst erstellen kann, kommt wohl etwas billiger an die Behausungen für die neuen Mitbewohner als der handwerkliche Laie. Gute *Fertigboxen* kosten um 10000 Mark. Das wäre die erste Box. Jede weitere, die darangestellt wird, ist ungefähr 2000 Mark billiger. Vier Boxen zu einem kleinen Stall zusammengestellt, mit Außenfenstern und einer Stallgasse in der Mitte, ohne Fundament, bekommt man für 50000 Mark. Dazu kommen die Kosten für den Futterraum und die Sattelkammer, sofern Sie nicht (wie meine Freundin) die Sättel im Haus auf dem Treppengeländer aufbewahren.

Bei Margareta gibt diese Sattelgalerie dem Haus eine ganz persönliche

Note. Gleich, wenn sie Ihre Diele betreten, spüren Pferdefreunde ein besonderes Kribbeln in der Nase. Es riecht nach Leder und Lederfett. Reiter fühlen sich von Reitern begrüßt. Nichtreiter brauchen vielleicht etwas länger, um sich an den typischen Geruch im Haus zu gewöhnen. Oder sie tun es nie, und die Freundschaft wird somit auf die Probe gestellt. Sie, liebe Leser, sollten wissen: Wer Sie nicht gemeinsam mit Ihren Pferden als Freund akzeptiert, kann niemals ein guter Freund für Sie sein.

Haben Sie ausgerechnet, wieviel Geld Sie für den Stallbau benötigen, dürfen Sie nun nicht gleich sagen: Ach, das geht ja noch, das krieg ich hin. Sie müssen als nächstes messen, wieviel Meter *Zaun* Sie wohl benötigen werden. Sie müssen bedenken, welche *Geräte* Sie anschaffen werden. Zum Beispiel: Forken, Schaufeln, Schubkarren, ideal wäre auch ein kleiner Trecker mit Anhänger. Manchmal stehen in der Dorfschmiede urige, überarbeitete Trekker zum Verkauf, deren Alter Sie nicht stört, sondern eher erfreut.

Sie werden auch Teile des *Hofes pflastern* müssen, auf jeden Fall einen

Mit Sätteln und Zaumzeug im Privathaus leben.

Soll es *der* sein?

Platz vor dem Stall zum Putzen und den Weg zum künftigen Misthaufen.

Je nachdem für welche Rasse und welchen Verwendungszweck Sie sich entscheiden, werden die *Anschaffungskosten für Pferde* höher oder niedriger sein. Ihr Pferd wird seinen individuellen Preis haben, und den setzen Sie auf die Liste. Passend zum Pferd fallen auch die Kosten für den Stallbau aus. Ponys kann man meistens für weniger Geld kaufen als Großpferde. Unterstände für Robustpferde sind billiger zu errichten als Ställe für große, hoch im Blut stehende und empfindlichere Pferde.

Sie haben ganz recht, wenn Sie jetzt einwerfen, daß Ihr Nachbar seiner Tochter ein elegantes, ausgebildetes Turnierpony zu einem Preis gekauft hat, für den Sie Ihre beiden einfachen, aber braven und zuverlässigen Ausreitpferde bekommen haben. Darum habe ich ja, schlau wie ich bin, ein paar Zeilen vorher das Wörtchen »meistens« in Klammern dazugesetzt.

Beim *Kauf eines Pferdes* spielen nämlich sehr viele Punkte eine Rolle, zum Beispiel das Alter, die Abstammung, die Größe und der Gesundheitszustand, ferner der Ausbildungsstand und natürlich die Bewegungen. Gute Gänge lassen die Preise steigen, das wissen Sie sicher schon. Allerdings können viele erfolgreiche Pferdeverkäufer ihren Käufern weismachen, daß ein gutes Pferd immer sehr viel Geld kosten muß. Ich frage mich manchmal, wo

Der kostet ein Vermögen

all die Superpferde bleiben, die zum Beispiel auf den privaten Auktionen einiger Pferdehändler mit viel Pomp, Prahlerei und Sektfrühstücken ihre Besitzer wechseln. Diese wahnsinnig teuren Pferde tauchen selten mit den versprochenen Leistungen im großen Sport wieder auf. Ob es tatsächlich nur an der Unfähigkeit ihrer neuen Reiter, ihrer neuen Besitzer liegt? Sind die Käufer nicht vielmehr einem gewitzten Verkäufer ins Netz gegangen?

Konzentrieren wir uns auf Ihre Finanzierung. Da Sie kein unerfahrener Reiter und keine unerfahrene Reiterin sind, wissen Sie wohl schon, wie die Pferde aussehen sollen, die in die Boxen hinter Ihrem Haus einziehen dürfen. Sie besitzen entweder schon Pferde, oder Sie kaufen solche, die mit Ihren Gegebenheiten zurechtkommen können.

Doch zum Pferdebesitz gehört auch eine *Ausrüstung*, die, wieder je nach Pferd verschieden teuer, in Ihrem Finanzplan auftauchen muß.

Ein guter *Sattel* ist mehr wert als ein gutes Pferd. Das hat natürlich kein Pferdefachmann gesagt, sondern eher ein Anfänger, der wegen seines noch ungefestigten Sitzes gewisse Probleme mit seinem Hinterteil bekam. Trotzdem ist etwas dran. Ein guter Sattel ist wirklich viel mehr wert, als man für ihn bezahlt hat. Ich meine, wenn man erst einmal mit Hilfe eines Fachmannes einen bequemeren für sich und für das Pferd passenden Sattel gefunden hat, ist man auf dem besten Weg, auch ein guter Reiter zu werden. Darum sollten Sie beim Sattelkauf nicht geizig sein. Planen Sie eine üppige Summe für die Sättel, die *Trensen und Halfter*, die Hilfszügel und Longierutensilien ein. Gutes Lederzeug hält auch länger. Oft kann man in Reitsportgeschäften oder durch Zeitungsanzeigen preiswert gebrauchte Sättel kaufen. Ich persönlich würde einen guterhaltenen Markensattel einem neuen, aus eventuell wenig erprobter Fertigung vorziehen.

Wenn Sie fahren wollen, brauchen Sie natürlich einen *Wagen* mit Geschirren. Bei der Anschaffung wird Sie der nette Mensch beraten, der Sie gerade das Fahren lehrt. Fahren muß ja genau wie Reiten eisern gelernt werden, auch wenn es manchmal so einfach aussieht. Spätestens beim ersten Halt oder Abbiegen warten die Pferde auf ein bestimmtes Zeichen vom Fahrer. Sonst endet eine solche Fahrt schon sehr früh – und eventuell fürchterlich!

So, nun kommen wir zu der Spalte auf Ihrer Liste, die Sie nie als erledigt durchstreichen können. Es sind die *Futterkosten*. Das Futter fällt unter *laufende Kosten* wie die Zahlungen für die *Versicherungen*, den *Schmied*, hoffentlich nur selten den *Tierarzt* und die *Handwerkskosten*, (falls Sie nicht ein Allroundgenie sind und selbst gut mit Werkzeug umgehen können).

Für Hafer, Pellets, Heu, Stroh, Silage, Möhren und rote Rüben zahlen Sie verschiedene Preise: Je nachdem wo Sie wohnen, ob Sie bei einem Bauern direkt, eventuell gegen Mithilfe auf dem Feld, einkaufen können, bei Futtermittelhändlern oder landwirtschaftlichen Genossenschaften.

Wenn Sie Glück haben, können Sie Ihre Pferde tatsächlich für die Hälfte des Geldes, das Sie bisher in einem Reitstall bezahlen mußten, am Haus versorgen. Na, was sagen Sie nun? Guuuut! Sie rufen nämlich nicht sofort aus: In Ordnung, dann hol ich meine Pferde jetzt ans Haus! Sie haben mir bisher zugehört und wissen schon, daß man sich von dieser Milchmädchenrechnung nicht verführen lassen darf. Der Reitstall, der bisher Ihr Pferd beherbergte und vielleicht auch weiterhin beherbergen soll, hat Ihnen nämlich noch mehr zu bieten als nur die Unterbringung in einer Box und das Futter. Vielleicht können Sie eine Halle benutzen, vielleicht wird Ihr Pferd täglich auf die Weide gebracht; es wird betreut bei Krankheit und wenn der Schmied kommt. Sie können einen Reitlehrer in Anspruch nehmen und den Bereiter bitten, Ihr Pferd zu arbeiten, wenn Sie nicht selbst kommen können.

Gewiß, Reitlehrer und Bereiter müssen Sie extra bezahlen. Doch wenn Sie sich zu Hause diesen Luxus gönnen wollen, fallen auch diese Kosten an. Eine *Reithalle* in der Nähe werden Sie gegen eine monatliche Pauschale benutzen dürfen, der Reitlehrer von dort oder anderswo kommt sicher auch zu Ihnen nach Hause. Nur – er wird auch noch Wegegeld verlangen.

Ihre Ausgabenliste wird länger und länger. Immer mehr Posten notieren Sie. Je intensiver Sie Ihre Planung durchdenken, desto mehr fällt Ihnen ein, was gekauft und was gebaut werden muß. Die Summe, die Sie zur Vorbereitung Ihres Abenteuers »Pferde hinterm Haus« benöti-

Laufende Kosten
- Futterkosten
- Versicherungen
- Schmied
- Tierarzt
- Handwerkskosten

Aber gegangen ist er gut!

gen, klettert in die Höhe. Eventuell stoßen Sie recht früh auf Widerstand. Dann bleiben Sie in Ihrem Reitstall. Ein Unglück ist das bestimmt nicht. Oder schrauben Sie Ihre Ansprüche hinunter, und entscheiden Sie sich für zwei kleine Robustpferde und einfaches tägliches Ausreiten. Das drückt die Bau- und Futterkosten, und einen Reitplatz mit Drainage brauchen Sie dann auch nicht. Sie sollten nur gut bedenken, ob Ihnen das *Reiten* Ihrer Pferde wichtiger ist oder das *Haben*. Daraus ergibt sich schnell eine Entscheidung.

Habe ich richtig gehört? Sie möchten zum nächsten Planungspunkt kommen? Sie möchten jetzt ganz schnell die nächsten Überlegungen abschließen und zur Tat schreiten? Schließlich steht Ihnen noch eine anstrengende Bauphase bevor? Gut so, Sie sind auf dem richtigen Weg. Mein Pessimismus, hier als warnender Zweckpessimismus angewandt, kann Sie also nicht erschüttern? Dann fragen Sie sich doch ganz schnell einmal: Wo bleibt eigentlich . . .

Der Mist

Zu jedem Bauernhof gehört ein *Misthaufen*. Das ist auch heute noch

Mist wird nicht nur aus den Ställen geschaufelt und von den Weiden gesammelt, er muß meistens auch noch abtransportiert werden.
Aber wohin bloß mit dem Zeug?

Brauchen Sie Mist?

so. Wer aufs Dorf zieht oder dort schon wohnt, lebt mit dem Geruch von frischem Mist. Es soll Städter geben, die sich erst in einem Dorf ein Haus kaufen und dorthin ziehen und sich dann über den unerträglichen Geruch beschweren. Das ist absurd. Ein Betrieb wie ein Bauernhof muß den Mist aus den Ställen irgendwo zwischenlagern. Mist darf und kann nicht das ganze Jahr über auf die Felder gebracht werden. Und die *Gülle*, die sich in den Auffangbehältern unter dem Misthaufen sammelt, auch nicht.

Merken Sie schon etwas? Wird Ihnen langsam mulmig? Stöhnen Sie: Ach, daran habe ich gar nicht gedacht? Wo lassen wir denn den Mist, wenn die Pferde erst da sind?

Ja, so wie zu jedem Haus die Abwasserbeseitigung gehört, braucht jeder Pferdestall seinen Misthaufen. Nur – die meisten Wohnhäuser sind an eine zentrale Kläranlage angeschlossen. Ihr neuer Misthaufen nicht. Er wird in der Sonne liegen, vor sich hindampfen und täglich höher werden. Und damit Sie nicht eines Tages vor einem unüberwindlichen Gebirge stehen und sich erst dann die eventuell existentielle Frage ergibt »Wohin mit dem Mist?«, sollten Sie rechtzeitig klären, wo und wie Sie ihn loswerden können. Denn nur in den seltensten Fällen besitzen Privatpferdehalter auch so viele Ländereien, daß sie den Mist auf die eigenen Felder bringen können. Auf Pferdeweiden darf frischer Mist nämlich wegen der Wurmeier nicht.

Ein Bauer in der Nähe, der Ihnen den Hafer verkauft, der Ihnen das Stroh und das Heu liefert und regelmäßig den Mist abnimmt, ist natürlich Gold wert. Sonst müssen Sie jemanden finden, dem Sie Ihren Pferdemist bringen dürfen. Dazu brauchen Sie dann wieder einen Trecker und einen tragfähigen Hänger. Und die Arbeit kostet viel Kraft und Zeit. Denn Sie werden den Mist mit der Mistgabel auf den Hänger werfen müssen. Es sei denn, Sie sind ausgerüstet mit allen bäuerlichen Geräten, die zu einem Trecker gehören und können mit dem Frontlader die Arbeit im Nu erledigen.

Manche *Gartenbaubetriebe* oder *Baumschulen* freuen sich über Ihre Bitte, den Mist abzuholen. Da es aber in der letzten Zeit immer mehr Reitställe gibt, die sich bemühen, ihren Mist loszuwerden, da sich immer mehr Reiter ihre Pferde ans Haus stellen, holen sich Neuanfänger immer öfter einen Korb, wenn sie ihren Mist anbieten. Außerdem nehmen die Bauern von Privatleuten den Mist nicht so gern, weil er zu viel Stroh enthält. Wer selbst ausmistet, macht das meistens gut, und das heißt im wahrsten Sinne des Wortes gründlich. Er bemüht sich, nicht nur die Pferdeäpfel, sondern auch alles feuchte Stroh aus den Boxen zu entfernen, weil aus dem feuchten Stroh sonst bald Ammoniakdünste dampfen. Und Pferde, die immer in solchen Miefkästen stehen müssen, leiden bald unter Atemwegserkrankungen. Vielleicht hat Ihr Pferd allergischen Husten, immer wieder neu entfacht durch das endlose Stehen in einer schlecht gelüfteten Box. Sie wollen also aus diesem Grund einen eigenen Stall bauen.

Mit den *Tennessy Whigglern*, diesen amerikanischen Würmern, die jetzt auch in Deutschland gezogen und verkauft werden, haben viele Pferdehalter ihr Misthaufenproblem gelöst. Die Würmer verarbeiten im Sommer in einem halben Jahr, im Winter in einem Jahr, Mist in guten Kompost, der dann auf jedes Land gebracht werden kann, auch in den Blumengarten. Doch auch das Verrotten beginnt nur, wenn Sie wichtige Kompostregeln beachten. Fragen Sie Ihren Gärtner.

Es wird für Sie wahrscheinlich nur tägliches, reichliches Ausmisten und frisches Einstreuen in Frage kommen. Das aber läßt Ihren Misthaufen schnell zu einem beachtlichen Hügel werden, danach wird er schnell zu einem Berg.

Ehe Ihre Nachbarn, die eigentlich grundsätzlich ihre Zustimmung zu Ihrer Pferdehaltung gegeben haben, die Geduld verlieren, müssen Sie handeln.

Das Gebirge muß abgetragen werden, der Mist muß weg. Machen Sie sich bitte auf die Suche nach einem Abnehmer, ehe das erste Pferd in Ih-

Noch mehr Mist

ren Stall einzieht. Noch besser: Ehe Sie bauen, ehe Sie ein Haus oder ein Grundstück kaufen.

Wenn ich Sie jetzt mutlos gemacht habe, muß ich Ihre Niedergeschlagenheit noch verstärken. (Doch seien Sie sicher, Sie finden eine Lösung auch für das mistigste Problem!) Es gilt nämlich auch noch die *Gülle* zu beseitigen, die in einem *Sammelbecken* zusammenlaufen wird. Das haben viele Erbauer von Pferdeställen hinter dem Haus nicht bedacht. Vielleicht schadet es dem Boden und Grundwasser nicht, wenn nur Mist von zwei oder drei Pferden auf einem Haufen liegt. Doch eine *Güllwanne* ist Vorschrift! Sie gehört unter den Betonboden des Misthaufens und muß regelmäßig leergepumpt werden. Noch einmal möchte ich Sie auf die eventuell genervten Nachbarn hinweisen. Mit einer Anzeige, daß Sie Mist unvorschriftsmäßig lagern, könnte Ihnen Ärger ins Haus kommen. Ganz abgesehen davon, daß ein nachträglicher Einbau viel teurer wäre, als wenn Sie wohl oder übel von Anfang an in den sauren Apfel beißen. So werden Ihre Baukosten zwar noch einmal ein wenig in die Höhe schnellen, Sie dafür aber ruhiger schlafen können. Und das ist es doch, was Sie sich am Ende erhoffen: Ein beschauliches, zufriedenes Leben mit Ihren Pferden hinter dem Haus. Neben einem vorschriftsmäßig gesicherten, nach allen Regeln der Kunst erstellten Misthaufen!

Nun werden Sie bestimmt auf dem Weg in Ihre Idylle alle Oxer und Gräben überspringen.

Sie telefonieren, schreiben, beantragen, bitten gewiß überall mit Erfolg. So steht denn sicher bald Ihrem Glück mit den Pferden nichts mehr im Wege.

Nur, werden Ihre Lieblinge allein Ihnen genügen? Brauchen Sie nicht doch hin und wieder einige Menschen um sich, so wie Sie es bisher im Reitstall vielleicht gewohnt waren? Denken Sie doch noch mal nach, und zwar über...

Kontakte

Vereinsleben ist bunt und fröhlich, manchmal auch nervig. Es wird geklönt, gefachsimpelt, geklatscht und Neues berichtet oder verraten. Es finden Treffen statt, feuchtfröhliche oder ärgerliche, es gibt Meisterschaften und Bälle, und oft ergibt sich ein Grund, Dr. Nämlich klarzumachen, daß er zu lange keinen ausgegeben hat. In der Gesellschaft von Reitern kann man die eigene Reitleistung, das Aussehen und das Leistungsvermögen seines Pferdes mit den anderen vergleichen. Man kann täglich seine Freunde treffen, miteinander lachen und zusammen ausreiten. Ein vielfältiges Vereinsleben ersetzt manche Zeitung. Und mehr als das. Denn wo steht schon, daß die Firma XY ein scheinbar bahnbrechendes Produkt nicht auf den Markt bringen

Kontakte sind wichtig.

llo, Nachbar!

konnte, weil zwei Männer im Aufsichtsrat Betrug am Verbraucher nicht länger hinnehmen wollten? Sie erfahren so etwas auf einem sonntäglichen Ausritt von Herrn Z., der einer der ganz Oberen der Branche ist.

Verstehen Sie, was ich sagen möchte? Wenn Sie einen eigenen Stall gebaut haben, werden Sie sich urplötzlich in der Einsamkeit wiederfinden. Das müssen Sie besonders gut bedenken. Auch wenn Ihr Haus nicht einsam liegt, wenn Sie nette Nachbarn und Freunde haben: Es kann geschehen, daß Sie sich nach einigen Wochen eifrigen Arbeitens und Reitens hinter Ihrem Haus plötzlich fragen: »Na und? Was soll das hier eigentlich alles?« Die schönste Einsamkeit ist nämlich nichts wert, wenn man niemandem sagen kann, wie schön sie ist.

Es werden Tage kommen, in denen Sie sich nach Ihrer alten Reitgemeinschaft sehnen.

Sie brauchen also Kontakte. Zu Reitern und Pferdefreunden wohlgemerkt. Denn man kann nicht über Pferde reden mit Freunden und Nachbarn, die immer wieder verwundert sagen: »Daß du einfach so erkennen kannst, daß das dahinten die Stute Mira und das Pferd dahinten dein Balthasar ist?!«

Es wäre gut, wenn in der Nähe Ihres Hauses andere *Reiter, Fahrer* oder *Züchter* wohnten. Oder ein Reitstall in der Nähe läge. Aus vielen Gründen, die ich schon erwähnt habe, ist das wünschenswert, besonders aber, damit Sie mal hingehen, reden, fragen und mitreiten können. Oder damit mal jemand bei Ihnen vorbeischaut. (Ein ganz heißer Tip: Bauen Sie sich ein kleines Reiterstübchen. Durst haben Reiter immer. Um den zu löschen, reiten sie meilenweit. Warum nicht zu Ihnen? Nach Feierabend, am Sonnabendnachmittag oder Sonntagmorgen. Da kommt Frohsinn auf.)

Sie brauchen nun natürlich nicht unbedingt andere Reiter in Ihrer Nähe. Freunde und Nachbarn, die Ihre Leidenschaft verstehen, sind auch ein guter Umgang. Überhaupt sollten Sie mit den nächsten Nachbarn guten Kontakt pflegen. Oft fühlen sich Nachbarn durch das Wiehern von Pferden gestört (gerade Pferde am Haus gewöhnen sich schnell an, morgens lautstark nach ihrem Frühstück zu rufen). Oder die Pferde recken sich zu weit über den Zaun und knabbern die wertvolle Linde im Nachbargarten an ...

Auch brauchen Sie manchmal eine dritte und vierte starke Hand. Nehmen Sie sich also vor, gleich beim Einzug ins neue Haus oder nach der großen Veränderung des alten, den Kontakt zu den Nachbarn zu pflegen. Helfen Sie, den Swimmingpool auszuheben und beim Baumfällen, dann wird im Sommer bei Ihnen auch gern beim Strohabladen und -stapeln geholfen. Vor allem, wenn Sie nach der Arbeit zu belegten Broten und kühlen Getränken einladen. Sich gegenseitig zu helfen macht Spaß. Es wäre sehr beruhigend für Sie zu wissen, daß jemand in der Nähe wohnt, der mal einspringt. Ihre Pferde füttert, wenn Sie mal einen Tag ganz fortmüssen oder spät nach Hause kommen. Dafür hüten Sie dann einige Tage später die Zwillinge der netten Familie und erteilen den ersten Reitunterricht Ihres Lebens.

Sie werden Ihren alten Reitstall nicht vermissen!

Sie haben sich entschieden. Sie möchten Ihre Pferde hinter Ihrem Haus halten. Sie besitzen ein passendes Grundstück und alle Voranfragen bei den Behörden und Nachbarn sind Gott sei Dank positiv ausgefallen. Wunderbar! Dann planen Sie jetzt ...

DAS BAUEN UND EINRICHTEN

Als Sie sich zum Bau eines eigenen Stalles entschlossen haben, dachten Sie sicher nicht nur an Ihr eigenes Wohlergehen, sondern auch an das Ihrer Pferde. Ihre Pferde sollen ein einigermaßen artgerechtes, abwechslungsreiches, gesundes Leben führen. Dazu gehört als erstes eine gute Unterkunft. Nach bestem Wissen und Gewissen errichtet werden muß...

Der Stall

Auch bei einer Pferdehaltung, bei der sich die Pferde den ganzen Tag draußen aufhalten sollen (»Auslaufhaltung«, »Offenstallhaltung«, im Paddock, auf dem eingezäunten Reitplatz und/oder auf der Weide), brauchen Sie Ställe für Ihre Pferde. Selbst wenn man Ponys robust, also nur mit Unterstand, hält, sind ein oder zwei Boxen sehr wertvoll. Denn wenn Sie geritten und die Pferde warm und naß geworden sind und nachschwitzen, sollten sie bis zum vollständigen Trockensein irgendwo zugfrei stehen können. Ohne eine Box als Aufenthaltsort müssen die Pferde nach dem Reiten eingedeckt werden. Das ist mühsam und zeitaufwendig, denn die Decken müssen wieder abgenommen werden, sobald die Pferde getrocknet sind. Diese Sorgfalt ist, wie gesagt, auch bei der sogenannten *Robusthaltung*, bei der die Pferde auch nachts draußen sind, notwendig. Denn auch sie können sich erkälten, wenn sie naßgeschwitzt in kaltem Wind stehen. Wenn Sie sich allerdings nur für einen *Unterstand* entscheiden und die Pferde nach dem Reiten gleich wieder ungeschützt in die Freiheit entlassen werden sollen, bleiben Ihnen nur lange Heimwege im Schritt. Doch selbst dann schwitzen Ponys mit dickem Fell oft nach, manchmal sogar erst, wenn Sie nach Ihrem Ritt schon wieder windgeschützt auf der Terrasse sitzen.

Auch um kranke Pferde ruhigstellen zu können oder um sie zu isolieren, brauchen Sie Boxen. Oder um die Pferde vor dem Reiten zu trocknen. Nasses Fell unter dem Sattel führt leicht zu Scheuerstellen, zumal sich Sand aus nassem Fell nie ganz entfernen läßt. Und gesunde Pferde legen sich nun einmal gern in Matsch, wenn man ihnen die Gelegenheit dazu bietet.

Sie überlegen also, wo Ihr Stall entstehen soll. In einem alten Bauernhaus kann man die noch *vorhan-*

Robustpferde sind Frischluftfanatiker.

denen Boxen aus- oder umbauen. Allerdings läßt sich anschließend an so ein Haus nicht immer ein Auslauf mit Weidezugang errichten. Die Pferde müßten also täglich von Ihnen auf die Weide geführt und wieder zurückgebracht werden. »Das mach ich doch gern«, sagen Sie? Ich glaube es Ihnen. Doch wenn Sie jahrelang all die vielen Handgriffe erledigen müssen, fehlt es am Ende womöglich doch an Zeit. Darum wäre zu überlegen, ob aus der Diele des alten Hauses nicht doch ein schöner Wohnraum werden kann, während die Pferde in ein Nebengebäude einziehen, das aus- oder neugebaut wird. Bei geöffneten Stalltüren können so die Pferde jederzeit in ihren Auslauf gehen, und beide, Mensch und Pferd, sind unabhängiger während des Tages.

Müssen Sie *neue Ställe bauen*, ist zu überlegen, ob Sie sie aus Holz oder Steinen bauen (lassen) oder ob Sie *Fertigboxen kaufen*, die es bei verschiedenen Herstellern in vielen Varianten zu kaufen gibt. Sie haben nur das Fundament zu errichten. Diese Fertigboxen sind in ihrer Verarbeitung und Zweckmäßigkeit meistens von keinem Selbstbau zu überbieten. Sie enthalten druckimprägnierte Hölzer, feuerverzinkte Eisenteile und manche winterfeste Isolierung mit Dachüberständen. Letztere sind wichtig. Pferde, denen es immer auf den Kopf regnet, wenn sie aus ihrem Boxenfenster schauen, verzichten bei Regen auf diese Abwechslung und büßen damit einen guten Teil frischer Luft ein.

Falls Sie vielleicht eines Tages von Ihrer Lieblingsstute ein Fohlen haben möchten, ist es ratsam, beim Boxenbau eine *Aufzuchtbox* mit einzuplanen. Wenn sie nicht gebraucht wird, beherbergt diese größere Box mit einer einfachen Unterteilung zwei Ponys. Auch eine *Gastbox* sollten Sie vorsehen. Sie kann als Futter- oder Heulager benutzt werden, bis der Besuch, der in Ihrem Urlaub Haus und Pferde hüten will, mit seinem eigenen Wallach eintrifft.

Wenn Ihre Pferde viele Stunden des Tages in Boxen verbringen müssen, muß diese Behausung besonders überlegt gebaut werden. Pferde sind Herdentiere, sie lieben Gesellschaft und sollten einander im Stall sehen können. Ein gelangweiltes einsames Pferd knabbert die Stallwände an, fängt an zu weben und kommt auf allerhand andere »Untugenden«, die doch nur anzeigen, wie sehr es in seinem »Gefängnis« leidet.

Außer Gesellschaft brauchen Pferde *Licht* und *Luft* im Stall. Licht beeinflußt (wie beim Menschen) den

Wer hat da einen Fehler gemacht?

Stoffwechsel und die Abwehrkräfte. Zu wenig frische Luft führt zu den heute so häufigen Erkrankungen der Atemwege. Die Pferde sind dann sogenannte Huster, sie leiden an Heu- und Stauballergie. Ein Zersetzungsprodukt des Harns, das Ammoniak, reizt die Schleimhäute zusätzlich. Außerdem macht schlechte Luft müde, unlustig und faul. Atemwegserkrankungen, auch der sogenannte Ton, gehen oft schon auf die Aufzucht in schlecht gelüfteten Ställen zurück. Schon manches scheinbar hoffnungslos (weil schon dämpfig) an Husten leidende Pferd hat aber nach einer Lungenspülung und Haltung in staubfreier Luft und mit staubfreien Futtermitteln noch jahrelang belastbar gelebt.

Boxen sollten einen rutschfesten Boden haben, trocken sein und gut sauber gehalten werden können. Die *Größen* richten sich nach der Größe der Pferde, ungefähr doppeltes Stockmaß je Seitenlänge: Im Durchschnitt sind das 3,40 m × 3,40 m für Großpferde. Die *Stallhöhe* soll nicht weniger als drei Meter betragen, bei mehr als sechs oder sieben Pferden ist eine Höhe von vier Metern besser. *Aufzuchtboxen* müssen auf 4,40 Meter verlängert werden. Seitenwände, Trennwände, können gemauert oder aus mindestens vier Zentimeter dicken Eichenbohlen gebaut werden. Darauf kommen in ungefähr 1,40 Metern Höhe 0,90 m bis 1,00 m hohe Trenngitter aus ungefähr 1,5 Zentimeter dicken Rohren, senkrecht im Abstand von fünf Zentimetern. Weiter dürfen diese Gitter nicht sein, damit die Pferde bei eventuellem Toben nicht mit den Hufen hängenbleiben.

Boxentüren und alle *Stalltüren*, durch die Pferde hindurchgehen sollen, müssen mindestens 1,25 Meter breit sein. Ihr Verschluß darf von innen nicht erreichbar sein. Es gibt begabte Entfesselungskünstler unter Pferden: Mancher Pferdehalter hat nachts schon Besuch am Schlafzimmerfenster bekommen, obwohl er seine Lieblinge wie jeden Abend im Stall gut eingeriegelt hatte. Denken Sie daran: Die reiselustigen Pferde hätten auch in Richtung Autobahn unterwegs sein können ...

Fensteröffnungen und *Lüftungen* müssen Sie so viele wie möglich anbringen. Jede Außentür kann geteilt und damit im Winter wenigstens halb geöffnet werden. Die Luft in einem Pferdestall soll sich 60 Zentimeter in der Sekunde fortbewegen. Sie soll sich ständig erneuern. Manche Menschen empfinden solche Dauerbelüftung als Zug und übertragen ihre persönliche Empfindlichkeit auf die Pferde. Für Pferde gibt es keine gefährliche Zugluft, außer wenn sie naßgeschwitzt irgendwo stehen müssen. Pferde können, sollen und wollen in bewegter Luft stehen, auch draußen bei Wind und Sturm. Sie drehen sich draußen stets in die Richtung, aus der der Wind ihnen nicht lästig ist. Sie sind zufrieden, während Sie vielleicht fröstelnd die Haustür schließen und im Kamin ein Feuer anzünden. Allerdings würde auch Menschen trotz des Unwetters ein Gang durch die Feldmark besser bekommen als das frühe Flüchten ins gut geheizte Haus. Ach,

Daß die da stehen mögen bei diesem Wetter.

ich habe ja vergessen, daß Sie nun Pferdehalter werden. Sie werden kaum Zeit haben, sich zum Fünfuhrtee ins Haus zu begeben. Sie müssen ja Ihre Pferde bewegen. Sie werden das bei Wind und Regen tun, und Pferde und Reiter werden gesund bleiben.

Gemeinschaftsställe sollten für jedes Pferd eine Boxengröße Platz bieten, Krippen und Anbindevorrichtungen enthalten, Selbsttränken und eine mindestens doppelt breite Tür.

Ponyboxen dürfen den Größenverhältnissen entsprechend verkleinert werden. Doch auch kleine Ponys fühlen sich in großen Boxen wohl, wenn man die Trenngitter und die Krippen tiefer setzt.

Krippen werden oft zu hoch angebracht. Pferde sollen mit leichter Halsneigung fressen. Die Krippen gehören ungefähr auf *Schulterhöhe*, im Durchschnitt 90 Zentimeter hoch. Es gibt Krippen aus Zinkblech und aus Kunststoff. Die Kunststoffkrippen werden von einem unruhigen Pferd schnell zerschlagen oder zerdrückt. Wer alte Ställe ausbaut, kann die vorhandenen Holzkrippen nach gründlicher Reinigung gut weiterverwenden.

Selbsttränken sind in Pferdeställen heutzutage selbstverständlich. Nur wenn Sie keine Wasserleitung in Ihren Stall legen können, sollten Sie Ihre Pferde aus *Eimern* tränken. Es

Rauhfutter gehört nicht in die Behälter, sondern auf den Boden.

gibt dafür praktische Halterungen aus Eisen. Halterungen brauchen Sie unbedingt. Lose stehende Eimer kippen zu schnell um, und Pferde bekommen eine Kolik, wenn sie nicht saufen können, so viel sie brauchen. In kalter Winterzeit ist Saufen aus Eimern allerdings ein Muß. Denn wenn Sie nicht alle Luken geschlossen haben (und das wollen Sie ja wegen der Frischluft nicht), müssen Sie rechtzeitig vor dem Frost das Wasser aus allen Leitungen lassen und nun doch aus Eimern tränken. (In eisigkalten Wintertagen gibt es sogar ein wenig angewärmtes Wasser).

Tränken sollen nicht neben der Futterkrippe angebracht werden, sondern gegenüber. So können die Pferde nicht halbgekautes Futter hinunterspülen, der Wert des Futters wird durch gutes Kauen besser ausgenutzt. Das beugt auch Koliken vor.

Ach, bitte, sehen Sie doch ganz schnell weg, wenn Sie in einem Reit- und Stallausrüstungsgeschäft eine Heuraufe sehen, die Sie so nett an Großvaters Stall erinnert. Pferde, die sich täglich stundenlang Heu aus einer über ihnen angebrachten Heuraufe zupfen, entwickeln am Unterhals Muskeln, die ein Reiter da ganz und gar nicht haben will. Für Heu, Silage oder Freßstroh brauchen Sie in Boxen keine Behälter. Alles wird neben der Krippe auf den Boden gelegt.

Verputzen Sie die *Stromleitungen* gut. Pferde sind neugierig und falls sie sich bei Ihnen doch einmal langweilen sollten, könnte Anknabbern ein Unglück auslösen.

Wohin mit den Sätteln? Nun, in

alten schönen Bauernhäusern gibt es, von der Tenne aus zu begehen, oft noch die alte Knechtkammer. Manchmal ist sogar eine Heizung drin, weil das Haus bis in die sogenannte Neuzeit noch von dem Bauern und seiner Familie bewohnt wurde. Jetzt können Sie darin Ihre *Sattelkammer* einrichten. Lederzeug muß nämlich trocken aufbewahrt werden. Falls Sie kein solches Haus besitzen, müssen Sie zu Ihren Ställen auch noch einen belüft- und beheizbaren Raum bauen, der das Reit- und Fahrzubehör aufnehmen kann.

Heu- und Strohlager sollten nach Möglichkeit ebenerdig angelegt werden. So romantisch es auch sein mag, einen Heuboden zu besitzen: Wer hilft Ihnen, die Ballen und Säcke hochzuwuchten, wenn Ihr Bauer wieder einmal ein Fuder goldgelbes Stroh und gut durchgetrocknetes Heu auf dem Hof abgeladen hat und wieder abgefahren ist? Wenn dicke Regenwolken das wertvolle Gut zu verderben drohen? Der Nachbar ist im Urlaub, und Vetter Jörg, der so gern bei Ihnen Landwirt spielte, baut sich gerade eine Garage. Es hilft Ihnen also niemand, Heu und Stroh in Sicherheit zu bringen. Ganz allein werden Sie also schleppen und stapeln, stundenlang, und froh sein, daß Sie keinen Heuboden, sondern einen Heulagerplatz unter einem dichten Dach mit vier Seitenwänden, doch gut belüftet, besitzen. Auch wenn Ihr Stallbau sich durch diese Räume verteuert – Sie brauchen sie. Nur mit

Wo was seinen Platz hat, muß gut durchdacht sein.

Boxen ist Pferdehalten hinter dem Haus nicht zu verwirklichen, auch wenn man das vielleicht am Anfang gedacht hat.

Nun müssen Sie noch überlegen, wo die *Haferkiste* stehen soll. Planen Sie auch einen *Platz für Saftfutter* ein. Rote Rüben und Möhren brauchen im Winter frostfreie, kühle Räume. Und irgendwohin werden Sie auch die Pfosten, Bretter, Latten und Zaunpfähle schichten wollen, die Sie beim Bau übrigbehalten oder zum Reparieren der Zäune erstehen werden.

Zu allen *Lagerplätzen* sollte man mit einem Trecker und Hänger fahren, dort wenden und wieder wegfahren können. Gleiches gilt für den Misthaufen. Müssen Sie jetzt die schöne Zeichnung zum Bauantrag Ihres Stallgebäudes ändern? Dort, wo die Boxen so herrlich dicht an den Weiden stehen sollten, muß der Hofplatz hin, denn nur den Platz kann ein Treckergespann von der Straße aus erreichen? Nicht enttäuscht sein. Die Boxen stehen da hinten neben Ihrem Blumengarten auch ganz gut. Und Sie können die Pferde jetzt vom Wohnzimmer- und vom Schlafzimmerfenster aus sehen.

Die Vordächer der Boxen könnten erweitert werden. So kämen Sie zu überdachten Vorplätzen, wenn Sie einige Quadratmeter Boden pflastern oder rauh betonieren. Ein Wasseranschluß dazu – und Sie haben einen guten Putzplatz. Hufe lassen sich nun einmal besser pflegen, wenn die Pferde dabei nicht im Matsch stehen.

Sagen Sie jetzt bitte nicht, zum Putzen hätten Sie ja die breite Gasse in dem neuen Stall. Auf der sollten Sie wirklich nur in Ausnahmefällen Ihre Pferde putzen. Dort bläst kein Wind den Staub weg. Auslaufpferde sind immer sehr staubig. Und Staub sollten Sie den Atemwegen Ihrer Lieblinge, wie schon von mir gepredigt, ersparen. Sie sind ja vielleicht gerade wegen der frischen Luft für Ihre Pferde aufs Land gezogen. Pensionsstallpferde werden oft Allergiker, weil auch der umsichtigste Besitzer sie nicht vor dem fast manischen Putz- und Fegetrieb des Personals schützen kann.

Wenn Sie auf Ihrem Grundstück Ponys robust halten wollen, kommen Sie auch ohne Stall aus. Dann genügt ein einseitig *offener Unterstand*, der allen Pferden Platz bietet. Die Öffnung muß so groß sein, daß der Anführer der Herde keinem schwächeren oder älteren Pferd das Hinein- und Hinausgehen verwehren kann. Bauen Sie diesen Unterstand auf die höchste Stelle Ihres Grundstücks, aus starken Vierkanthölzern mit einem Pultdach. Die tra-

Auslaufhaltung, auch Offenstallhaltung genannt, erlaubt den Pferden, sich unter freiem Himmel zu bewegen, wann immer Sie die Stalltüren offenstehen lassen.
Bei der **Robusthaltung** sind die Pferde, nur mit einem Unterstand, immer draußen.

aub beim Fegen des Stalls
llten Sie den Atemwegen
Ihrer Pferde ersparen.

genden Balken werden am besten in einem Betonfundament verankert. Die Wände sollten keinen Wind durchlassen und darum innen und außen aus Brettern gezimmert werden. Auch solche Unterstände kann man fertig kaufen. Sie haben Rahmenkonstruktionen aus schweren, verzinkten U-Profilen, in die starke, kesseldruckimprägnierte Spundbohlen eingelegt werden. Durch Einfügen eines Frontelements können später aus so einer Weidehütte Außenboxen entstehen.

Der normale *Boden* in einem Unterstand ist meistens nicht durchlässig genug, um seitlich eindringende Feuchtigkeit versickern zu lassen. Er sollte darum 40 Zentimeter tief abgetragen werden und 1. durch groben Kies und 2. durch Sand darüber ersetzt werden. Sandboden kann bleiben, eine Schicht Sand zusätzlich draufzubringen ist ratsam. Gut ist es bei diesen Arbeiten auch, den Boden eine Stufe höher zu legen als der übrige Boden rundherum. So können die Pferde dort ohne Einstreu trokken liegen. Ich kenne eine Islandpferde-Züchterin, bei der die kleinen Isis auf dicken Holzbohlen schlafen.

Für jedes Pony sollte es eine *Krippe* geben und eine *Anbindevor-*

richtung, so daß Sie zufüttern können und jedes Pferd ungestört seine persönliche Ration Futter verzehren kann. Große Holzkisten, gut befestigt in oder neben dem Unterstand, haben sich bei Robustpferden für *Rauhfutter* bewährt. Die Ponys können (alle) rundherum stehen und gemeinsam fressen. Auch dort spielt sich bei großer Enge der Anführer der Herde als Pascha auf und beansprucht den halben Vorrat für sich.

Selbsttränken an der Weide und an einem Unterstand sind praktisch. Allerdings muß die Leitung abstellbar sein und das Wasser abgelassen werden können. Wenn Sie keine Wasserleitung legen wollen, bewährt sich Großmutters alte Badewanne als Tränke. Sie (die Wanne, nicht die verehrte alte Dame) sollte auf einem *gepflasterten Platz* in der Nähe des Unterstandes stehen. Übrigens ist ein großer, gut befestigter, trockener Platz vor dem Unterstand in harten Wintern eventuell lebensnotwendig für Ihre Pferde. Denn wenn Robustpferde eindösen, im Stehen, draußen, und die Temperaturen fallen, können sie im eben noch durchweichten Boden festfrieren.

Nach dem Boxenbau machen Sie sich ans Herrichten der Weiden und Ausläufe. Dazu brauchen Sie haltbare, korrekte, versicherungstechnisch abgesegnete ...

Zäune

Es gibt viele verschiedene Weidezäune. Wenn man sonntags über Land fährt und seinen Blick über Wiesen und Kornfelder schweifen läßt, sieht man manchmal irgendwo im Hintergrund leuchtend weiße Gatterzäune. Gleich fängt das Reiterherz heftiger zu schlagen an. »Pferde!«, wird freudig aufgestöhnt. Und man reckt den Hals und versucht zu erkennen, wie viele es sind. Und was für welche. Meistens sieht man dann gute, wertvolle Pferde. Denn weiße Gatterzäune kosten viel Geld, und sie müssen jährlich von fachmännischer Hand gepflegt, also frisch gestrichen werden. (Zäune aus weißem Plastik, von weitem hübsch, von nahem wie von einer Fernsehaufzeichnung nachgeblieben, gibt es auch).

Was hat die Güte der Zäune mit dem Wert der Pferde zu tun? Nun, ich meine, daß ein so großzügig Weidezäune anschaffender Pferdehalter wohl auch großzügig Pferde kauft. Also hübsche, wertvolle.

Doch Sie wollen ja gar kein Anwesen fürs Fernsehen herrichten. Sie wollen nur Ihre Weide einzäunen. Das geht auch günstiger. Die Summe, die Sie ausgeben müssen, entsteht natürlich aus der Zaunmeterzahl, die Sie herausmessen. Denken Sie daran, daß eine große Weide geteilt werden kann. So darf die eine Seite von Ihren Pferden beweidet werden, während die andere sich erholt oder im Frühjahr erst einmal für einen Schnitt Heu unangetastet liegenbleibt.

Wichtig ist, daß Sie sich einen Zaun anschaffen, hinter dem Sie Ihre Pferde sicher verwahren können. Gerade als Privatpferdehalter sind

Eine Weideabtrennung aus Elektrodraht soll nur kurzzeitig bemüht werden und sollte für die Pferde mit vielen Schleifen gut sichtbar gemacht werden.

Sie auf seine *Haltbarkeit* angewiesen. Ich meine nicht die Dauer der Jahre, die Ihr Zaun stehen kann, ehe er altersschwach zusammenbricht, sondern die Stärke, die er aufgescheuchten, verängstigt umhergaloppierenden Pferden entgegenzusetzen hat. Denn Sie werden nicht in der Lage sein, Ihre Herde den ganzen Tag über zu beobachten. Darum brauchen Sie Zäune, die ein *Ausbrechen* Ihrer Pferde unbedingt verhindern. Es gibt Ärger mit der Versicherung, wenn man Ihnen mangelnde Sorgfalt und Verletzung Ihrer Aufsichtspflicht nachweisen kann.

Das gleiche gilt für die Tore an allen Zaunarten. Sie müssen in dichtbesiedelten Gebieten oder Gegenden mit viel Ausflugsverkehr notfalls abgeschlossen werden. Wenn sogenannte Unbefugte Ihre Pferde einfach in die Freiheit entlassen und die Tiere beim Umherrennen Schaden anrichten, sind Sie haftbar, wenn Sie den Täter nicht finden können.

Holzzäune baut man aus Vierteleichenstämmen als Pfosten und aus zehn Zentimeter dicken Fichtenstämmen oder starken Latten für die Längsbegrenzung. Wie hoch ein Zaun sein muß? Messen Sie die Widerristhöhe Ihrer Pferde. So hoch sollte die oberste Latte schon liegen. Wenn Sie gute Springpferde beherbergen, vielleicht noch ein paar Zentimeter darüber. Auf jeden Fall aber nicht niedriger als 1,30 Meter. Wollen Sie große und kleine Pferde mischen, sollten Sie drei Querlatten zwischen die Pfähle nageln. Sonst entwischt Ihnen das Shetty Ihrer Tochter dreimal am Tag. (Sie finden es dann bestimmt bei der Haferkiste wieder. Darum sollte diese Naschkiste immer gut verschlossen sein. Hafer ist für diese »Kleinen« ungesund.)

Haben Sie nicht so viel Holz zur Verfügung, kann eine Lattenreihe durch *Elektrodraht* ersetzt werden. Einen Zaun nur aus dünnem Elektrodraht dürfen Sie aus Sicherheitsgründen natürlich nicht bauen. Und das Wort »Stacheldraht« vergessen Sie bitte ganz schnell wieder, wenn es Ihnen im Zusammenhang mit Pferdeweiden in den Sinn kommt. Eine *Weideabtrennung* kann, vorübergehend benutzt, einmal aus Elektrodraht gebaut werden, wenn die Sperrung mit vielen roten Schleifen für die Pferde gut sichtbar gemacht wird. *Elektrobreitband* zum Einzäunen ist dagegen eine gute Alternative. An einem solchen Zaun können die Pferde sich kaum verletzen, sie sehen ihn gut und respektieren ihn auch. Und reißfest soll er auch sein. Es gibt die Bänder in zwei, vier und sechs Zentimeter Breite, sie sind weiß und sehen an weißgestrichenen Zaunpfählen oder auch normalen Holzpfählen auch noch schick aus. Die dazugehörigen Isolatoren, die Abstandsarme und die Stromunterbrecher an den Weidetoren muß man natürlich auch kaufen. Für nur kurzzeitiges Aufstellen eines solchen Zaunes liefern die Firmen auch passende Kunststoffpfähle.

Versicherungstechnisch (ein schönes Wort!) gesehen, können Sie Ihren Holzzaun mit mehr oder weniger Zwischenpfählen bauen. Ein Elektrozaun dagegen darf höchstens fünf Meter Pfostenabstand haben. Und er *muß* dreireihig sein. Man scheint dem Althergebrachten mehr zu trauen. Oder man hält Kraft für sicherer als Abschreckung.

An Holzpfähle können auch *Gummistreifen* genagelt werden, die von weitem wie Latten aussehen. Sie sind sehr haltbar, allerdings nur mit viel Zugkraft zu befestigen, dafür leicht zu transportieren (zusammengerollt).

So, wenn Sie sich nun über Preise informiert und für einen Zaun entschieden haben, vielleicht morgen zum Sägewerk fahren wollen (also doch ein Holzzaun!), zählen Sie bitte vorher noch einmal die Bäume auf Ihrer Weide. Nein, Sie sollen keinen fällen! Oh, bewahre! Sie sollen sich nur, falls es jetzt gerade Winter ist, die belaubte Krone der Bäume vorstellen und feststellen, ob diese Kronen Ihren Pferden in heißen Sommern ausreichend Schatten spenden können. Wenn nicht, brauchen Sie auch noch Holzmaterial für einen *Sonnenschutz*. Das gilt für Pferde, die in Boxen leben und zum Weidegang hinausgebracht werden. Robustpferde haben ja einen gut belüfteten Unterstand.

Pferde sind Steppentiere und brauchen viel Bewegung. Das wissen Sie. Darum wollen Sie ja auch ausgiebig reiten, fahren und Ihre Pferde frei laufen lassen. Sie brauchen also, falls Sie nicht nur ausreiten wollen, einen…

Reitplatz und Paddock

Auf Ihrem Grundstück steht eine Scheune, die eigentlich gar nicht richtig genutzt wird? Dann wird sie es natürlich von jetzt an. Sie wird *Reithalle*. Es werden zusätzlich Tragebalken in die Deckenkonstruktion gezogen, und schon sind Sie die störenden Pfeiler los. Sie erhalten zwar meistens ein viel kleineres Viereck als für eine vorschriftsmäßige Dressuraufgabe benötigt wird, aber Sie und Ihre Pferde haben bei schlechtem Wetter einen geschützten Übungsplatz.

Wenn die vorhandene Scheune nur einen Longierplatz liefert, kann sie vielleicht verlängert werden. Oder Sie erfreuen sich eben an einer *Longierhalle*. Mit ihr sind Sie Pferdehaltern gegenüber, die nur unter freiem Himmel arbeiten können, geradezu ein Glückspilz. Mit einer Longierhalle kommt man über den stärksten Winter. Das Nichtreitenkönnen oder die manchmal langweiligen langen Schrittausritte werden wettgemacht durch das beruhigende Gefühl, daß es den Pferden wenigstens nicht an Bewegung mangelt. Sie werden erleben, wie bescheiden Sie werden, aber auch wie zufrieden mit den gegebenen Umständen. Stand früher vielleicht die Freude am Reiten im Vordergrund, so ziehen Sie jetzt als Pferdehalter mehr Freude aus dem Wohlergehen Ihrer Lieblinge.

Die meisten Reiter, die Pferde hinter dem Haus stehen haben, sagen: Nie mehr zurück in einen Reitstall. Sie geben dabei zu, daß ihnen einige Annehmlichkeiten, Reithalle und der Umgang mit anderen Reitern wohl behagen würden. Doch sie denken an ihre Pferde, denen sie das kasernierte Leben nicht mehr zumuten mögen.

Ist genug Platz auf Ihrem Grundstück vorhanden, sollten Sie sich ein *Dressurviereck* anlegen, einen Platz also, der nur zum Reiten benutzt wird. Der Mutterboden muß abgetragen und dann der Boden mindestens 60 Zentimeter tief ausgehoben werden. Es kommen Drainagerohre hinein, mit Schotter, Kies und Sand wird wieder aufgefüllt. Je höher das Dressurviereck im Vergleich zum übrigen Gelände liegt, desto besser. So sickert das Wasser eines Wolkenbruchs schnell weg, und Sie müssen nicht durch Pfützen reiten oder Volten vergrößern, weil Ihr Pferd noch immer wasserscheu ist. Verschiedene Firmen bieten *Reitbodenbeläge* an, als Hallenboden und für Außenplätze. Lassen Sie sich Unterlagen schicken. Das gilt auch für den Boxenbau und die Elektrozäune.

Ein korrektes Dressurviereck hat die Maße 20 m × 40 m. Erst wenn Sie sich der S-Klasse nähern, brauchen Sie 60 Meter Länge. Doch wenn Ihr Grundstück nur andere Maße anbietet – bitte sehr, die Hauptsache ist, Sie können Ihren Pferden die Gymnastik zukommen lassen, die ein gutes Reitpferd braucht (wie Menschen auch).

Ein Reitplatz kann auch gleichzeitig *Paddock*, also *Auslaufplatz*, sein. Dann muß ein guter Zaun mit einem leicht zu betätigenden Tor drumherum gebaut werden. Und der Bo-

Egal wo man Pferde regelmäßig bewegt: guter Boden ist notwendig.

den muß öfter noch als das Dressurviereck geschaufelt und geeggt werden. Die übermütig tobenden Pferde hinterlassen nämlich immer gerade dort tiefe Löcher, wo Sie nachher Hinterhandswendungen üben wollen.

Ideal liegt so ein Auslauf direkt vor den Boxen der Pferde. Dann brauchen Sie morgens nur die Stalltüren zu öffnen (wenn Sie sie überhaupt schließen und den Pferden nicht ständig die Wahl – rein oder raus – lassen wollen) und sie abends wieder zu schließen.

Ein Paddock, der nur zum Auslaufen benutzt wird, sollte länglich sein. Ein kurzer Sprint tut einer Pferdelunge zu jeder Tageszeit gut. Auch hier ist das Auskoffern und Drainieren notwendig. Und eine Tränke muß es geben, wenn die Pferde nicht jederzeit zum Saufen in ihre Boxen gehen können.

Können Sie keine Halle errichten und wollen weder einen Reitplatz noch einen Sandauslauf bauen, weil Sie genügend Weiden zur Verfügung haben, so möchte ich Ihnen den Bau eines *Longierplatzes* empfehlen. Longieren auf der Weide kann die beste Grasnarbe nicht lange ertragen. Sehr schnell wird der so verführerisch feste Boden zu einer Schlammlache. Spätestens dann muß etwas geschehen, wenn Sie nicht weiterwandern und das nächste Stück Weide unter den Hufen zertrampelt sehen möchten. Ein gut drainierter Longierplatz wird gebraucht. Notfalls kann er bei Frost mit Mist aufgefüllt werden. Mist friert nicht so schnell, und kein Pferd kommt um seine Bewegung. Ich spreche nur von der Gefahr Frost im Winter, denn bei Schnee können alle Pferde mit dem entsprechenden Beschlag draußen geritten werden.

Ein Reitplatz ist zeitweise auch entbehrlich, wenn Sie in der Nähe von Feldern wohnen. Im Herbst reitet es sich gut auf Stoppeln, im Winter liegen oft abgeerntete Maisfelder lange unbestellt herum und laden zum flotten Galoppieren, aber auch zum Dressurreiten ein. Nur, fragen sollten Sie den Bauern vorher schon.

Ihr Bau schreitet voran. Ihre Pferde warten auf den Einzug. Da müssen Sie sich schnellstens um das kümmern, was noch einzukaufen ist. Zuerst einmal:

Futtervorräte und Einstreu

Je nachdem, welche Pferde Sie verköstigen wollen, werden Sie Futter auf den vorgesehenen Lagerplatz schaffen: *Kraftfutter* (Hafer), *Rauhfutter* (Heu und Stroh) und *Saftfutter* (Rüben, Möhren). Gras ist auch Saftfutter, darf aber, wenn überhaupt abgemäht, nur ganz frisch gefüttert werden. Wie schon erwähnt, brauchen Sie für Ponys wenig Hafer, dafür viel Heu, für Großpferde mehr Kraftfutter. Über die Menge werde ich später noch sprechen.

Statt Hafer können Sie auch Fertigfutter in pelletierter Form kaufen. Es muß reines *Hafererersatzfutter* sein, Heu und Stroh füttern Sie ja extra. Vitamine enthält es ausreichend.

Es gibt Pellets, die reines *Alleinfutter* sind. Sie enthalten Hafer und auch schon die Rauhfutteranteile, die Ihre Pferde brauchen. Dieses Futter hat sich, da staubfrei, bei Allergikern bewährt.

Sie können auch einen Teil des Hafers durch ein *Ergänzungsfuttermittel* ersetzen. Das enthält auch Vitamine und Mineralstoffe und macht zusätzliche Gaben von *Mineralpellets* überflüssig.

Wichtig ist, daß Sie immer die Inhaltsauflistung der Säcke studieren, damit Sie auch die richtigen Pellets erwischen.

Für *Saftfutter* brauchen Sie, wie schon mal gesagt, einen frostfreien Lagerplatz. Vielleicht legen Sie es neben Ihre Kartoffeln in den alten Keller. Oder Sie schmücken die nicht

Ernten macht Spaß!

sehr geheizte Eingangsdiele Ihres Hauses mit den Mohrrübensäcken. Zusammen mit den Sätteln, die da trocken über dem Geländer hängen, kann das ganz urig aussehen. Auf jeden Fall geht gute Pferdefutter-Vorratshaltung vor Eleganz im Wohnhaus. Sie leben nun einmal mit Pferden. Das darf man auch sehen.

Heu sollten Sie sich gut angucken, ehe Sie es nach Hause transportieren. Wenn es in Ballen gepreßt ist, kann es innen schimmelig sein und gehört auf einen Misthaufen, nicht aber in Ihre Futterkammer. Heu sollte wie Hafer gut drei Monate gelagert haben, ehe es verfüttert wird.

Grassilage, anstelle von Heu besonders an Allergiker zu verfüttern, gibt es auch in kleinen Ballen. Die können wie Heuballen gelagert werden, sind aber vor Mäusen gut zu schützen. Die süßen Tierchen knabbern die Plastikhülle an, um Speck zu suchen, und schon schreitet die Gärung in der Silage fort, und das Futter verdirbt. Große Ballen Silage, diese weißen Klumpen, die neuerdings überall in der Bauernlandschaft herumliegen, können Sie nur gebrauchen, wenn Sie viele Pferde zu füttern haben. Nach dem Öffnen muß der Inhalt in fünf Tagen verbraucht sein.

Stroh zum Einstreuen und Fressen sollten Sie im Herbst so viel wie möglich einfahren. Im Winter, gerade bei Eis und Schnee, ist es mühselig, Strohvorräte zu ergänzen. Das gleiche gilt für Heu. Wenn Sie allerdings jemanden finden, der Ihnen regelmäßig Rauhfutter bringen kann, sparen Sie daheim den Platz.

Holzspäne oder Torf kann man zum Einstreuen bei Allergikern benutzen. Zusammen mit Alleinfutter ist das gut für die Gesundheit dieser Pferde, und Sie haben wenig Arbeit mit der Heu- und Strohbeschaffung. Die Späne werden in Ballen verkauft, man braucht aber wenig und spart auch damit Platz. Doch sollte man diese Art der Pferdehaltung nicht aus Bequemlichkeit wählen, sondern nur, wenn es aus gesundheitlichen Gründen nicht anders geht. Pferde kauen und muffeln gern ihr Rauhfutter, Pellets sind immer schnell alle, und Langeweile kehrt ein.

Nun sieht es schon recht gemütlich aus in Ihrem Stall. Es ist eingestreut worden, und eine Haferkiste zum Draufhocken gibt es auch. Doch da fällt Ihnen ein. Es fehlt noch ...

Der Misthaufen

Wo Ihr Misthaufen entstehen soll, haben Sie sich ja schon überlegt. Er wird mit dem Trecker und Hänger gut zu erreichen sein. Nun müssen Sie die Betonplatte bauen. Groß genug, um allen Mist bis zum Erscheinen des rettenden Bauern aufnehmen zu können. Und mit Gefälle zur Gülleauffangwanne darunter. Die Einläufe sollten gut zu reinigen sein, damit der ganze Effekt nicht wegen Dauerverstopfung wieder zunichte gemacht wird.

In diesem Zusammenhang sollten wir vielleicht darüber sprechen, daß eventuell (wirklich nur vielleicht), (viele) Ratten auf Ihrem Grundstück erscheinen könnten. Mit dem Hilfeschrei von der Großtante Mary müssen Sie eines Tages rechnen. Am besten, Sie eilen dann hinaus und sagen der Dame: »Ach, sind die mal wieder da? Wir werden sie füttern, Tante Mary. Dann verziehen sich die lieben Tierchen bald wieder.«

Und Sie legen das Gift aus, das Sie immer wohlverwahrt in Ihrer Stallapotheke liegen haben, halten Kinder, Hunde und Katzen fern und gehen ein wenig beklommen schlafen.

Jetzt kommt etwas Schönes. Sie gehen Shopping. Sie kaufen ein. Sie stekken sich ein dickes Portemonnaie in die Hand- oder Westentasche und besorgen sich ...

Die Ausrüstung

Je nachdem, ob Sie schon Pferde besitzen und sie nur hinüberbringen in den neuen Stall an Ihrem Haus oder erst Pferde kaufen, sind Sie entweder schon mit Sätteln und Trensen und dem ganzen Hilfszeug, das man braucht, versehen. Oder Sie kaufen alles neu, passend zu Ihren Pferden ein. Über Sättel habe ich ja schon bei dem Stichwort »Geld« gesprochen. Wichtig ist, daß Sie sich

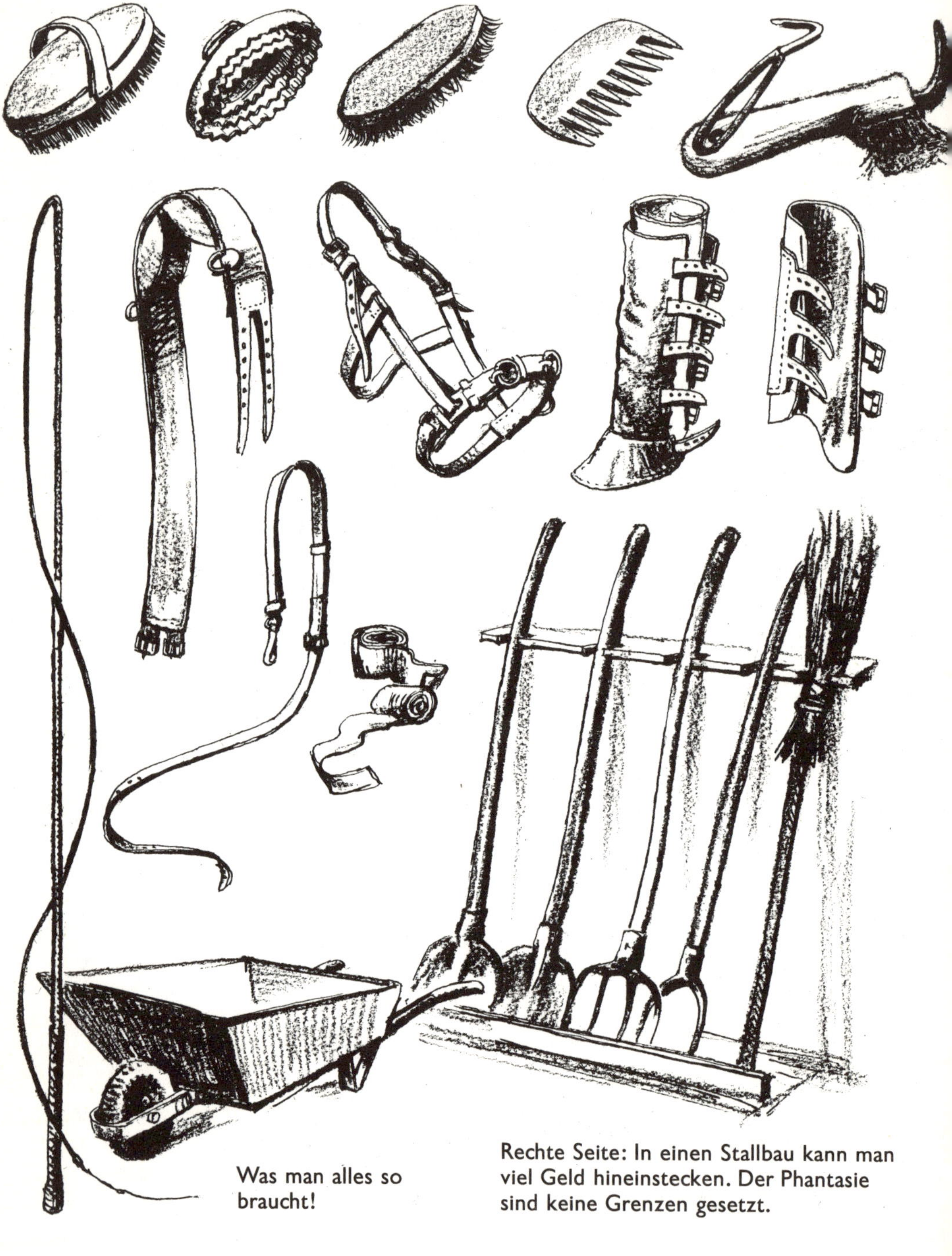

Was man alles so braucht!

Rechte Seite: In einen Stallbau kann man viel Geld hineinstecken. Der Phantasie sind keine Grenzen gesetzt.

beim Sattel- und Trensenkauf immer von einem Fachmann beraten lassen. Das ist keine Schande, ein durchgescheuerter Widerrist ist schlimmer. Ein Sattel, der auf einem Pferd gut aussieht, paßt ihm nämlich noch lange nicht. Ebenso kann ein falsches Gebiß Schmerzen und damit Qualen und scheinbaren Ungehorsam des Pferdes verursachen.

Zur *Grundausrüstung* für Pferde gehören weiterhin: Bandagen, Streichgamaschen, Hilfszügel, Longiergurt und -peitsche, Ausbinder, Halfter und Strick, dazu eine Warmhaltedecke und eine Abschwitzdecke.

Zum *Putzen*, über das später noch unbedingt gesprochen werden muß, braucht man: Kardätsche, Striegel, Wurzelbürste, Hufkratzer, Huffett und -pinsel, eine Mähnen- und Schweifbürste (am besten so eine Drahtbürste wie Elise sie für ihr weiches Blondhaar benutzt), einen Mähnenkamm, einige Schwämme und Sattelseife, Schweißmesser und Shampoo und Handtücher.

Der *Stall* wird bestückt mit Heu- und Mistgabeln, mit Besen (es gibt immer noch welche aus Reisig und die fegen wunderbar, wenn man ein bißchen übt), Schaufeln und Schubkarre. Dazu kommt die *Stallapotheke*, in der man folgendes vorrätig haben sollte: Thermometer, Bandagen, Klebeband, Wundpuder, Heilsalbe, Silicea-Gel, Kampfersalbe und Enelbin (für einen Warmverband), Essigsaure Tonerde (zum Kühlen), Desinfektionsmittel, Alkohol, Jod, Kamillentee (für die Augen), Zinksalbe, Dermakulin (gegen Schweifscheuern), Kupfersulfat (gegen Strahlfäule. Vorsicht giftig!) und ja, besonders gut verschlossen für alle Fälle, das Rattengift.

Linke Seite: Auch im Winter sollten die Pferde regelmäßig wenigstens einige Stunden in den Auslauf.

Da wo Sie den *Feuerlöscher* griffbereit aufhängen, kann auch Ihre *Werkzeugkiste* stehen. Sie werden oft mit Hammer und Nägeln herumlaufen müssen. Und wenn Sie sich einen eisernen Bock kaufen, einen solchen, auf den die Pferde beim Beschlagen die Hufe stellen müssen, und dazu das Werkzeug des Schmieds, dann können Sie sich selbst helfen, wenn ein loses Eisen abgenommen werden muß (oder unbeschlagene Hufe nach einem kernigen Ausritt ein wenig ausgefranst sind). Wohlgemerkt: So ein Werkzeug ist nur für den Notfall gedacht. Einen Schmied können Sie nicht ersetzen. Wenn doch, sollten Sie Ihren jetzigen Job sofort einem Arbeitslosen überlassen und über Land ziehen. Wir Reiter haben überall einen guten Schmied zu wenig.

Nun sind nur noch einige wenige Dinge zu erledigen, bis Sie »ein Faß aufmachen« können. Auch wenn ich Ihnen ungetrübtes Glück für immer wünsche, müssen Sie wissen: Wichtig ist auch …

Die Vorsorge

Besitzen Sie einen Hund? Ja? Natürlich. Alle Reiter, glaube ich, lieben Hunde. Und die meisten haben auch einen. Das ergibt in größeren Reitställen manchmal Schwierigkeiten in der Rangordnung. Es sei denn, der Stallbesitzer nennt den größten und stärksten Hund sein eigen. Der Hofhund sagt dann allen mitgebrachten Kollegen, was Sache ist. Also, was wollten wir besprechen? Richtig, die Vorsorge. Da wäre zum ersten die *Tierhaftpflichtversicherung*. Ihr Hund ist ja wohl gemeldet, jetzt kommen die Pferde dazu. Vergessen Sie das bitte nicht. Es kann Sie Kopf und Kragen – nein, das nicht –, aber Ihr ganzes Vermögen kosten, wenn das Unglück es will und die sonst so lammfrommen Viecher Schaden anrichten. Auch der beste Reiter kann die Kontrolle über sein Pferd verlieren. Und Weidezäune sind nun einmal keine undurchdringbaren und unüberwindlichen Mauern.

Wenn fremde Personen auf Ihren Pferden reiten sollen, müssen Sie sich bestätigen lassen, daß Sie bei eventuellen Unfällen nicht haften. Am besten, Sie fragen einen *Anwalt*, bevor Sie Nachbarn, Freunden und den ganz bestimmt in Scharen auftauchenden jungen Mädchen ein Pferd anvertrauen. Auch wenn es eine unangenehme Sache ist, unter Freunden irgend etwas Besprochenes schriftlich festzuhalten: Besser ist es. Damit man auch nach eventuellem Schaden noch Freund bleiben kann.

Namen und Anschrift eines guten *Schmieds* haben Sie? Dann rufen Sie ihn an. Sagen Sie ihm, daß er nun bitte zu Ihnen nach Hause kommen soll, und machen Sie gleich den ersten Termin fest. Wenn er da war, lassen Sie sich gleich den folgenden Besuch vormerken. Je nach Hufbeschaffenheit Ihrer Pferde in vier bis sieben Wochen. Wenn Sie erst anrufen, wenn Ausschneiden und Beschlagen schon unbedingt notwendig sind, werden Sie Nerven verlieren, die Sie für anderes brauchen. Denn, wie schon gesagt, gute Schmiede sind immer ausgebucht. Sie müssen sich also von vornherein einen Platz im Terminkalender sichern. Ein kleiner Apfelkuchen am Nachmittag oder ein kerniger Mittagsimbiß erleichtern dem geschätzten Herrn das Kommen. Und Sie haben auch ein wenig Abwechslung, wenn Sie dies und das aus anderen Reitställen erfahren können, die Ihr Schmied besucht. Nichts weitersagen ist dabei natürlich Ehrensache.

Nun müssen wir noch über den *Tierarzt* sprechen. Auch wenn Sie kerngesunde, hoch im Blut stehende Überflieger besitzen oder Ihre kleinen Robustis über Medizin nur lachen würden, ein Tierarzt kann ganz schnell gebraucht werden. Zum Beispiel, wenn ein Stück Apfel in einem Pferdeschlund steckengeblieben ist oder Sie doch einmal vergessen haben, die Selbsttränke zu säubern und Ihr Adrianao nun eine Kolik hat, weil er unsauberes Wasser (auf den Tod) nicht saufen mag. Besitzen Sie einen *Pferdehänger*? Dann könnten Sie den Wallach gleich in eine Tierklinik fahren. Sie schreiben sich am besten die Nummer der Pferdetierärzte mit Rotstift über die Haferkiste. Oder nein, besser noch ganz dicht neben die Notrufzahlen am Hauptapparat Ihrer Telefonanlage.

Ohne Pferdehänger ist man auf einen Freund oder auf einen Tierarzt, der in der Nähe lebt, angewiesen, wenn das Pferd einmal eine Kolik o. ä. hat.

Ohne Pferdehänger sind Sie auf einen Freund, der Sie fahren kann oder aber einen Tierarzt, der in Ihrer Nähe wohnt, angewiesen. Denn Sie brauchen einen Doktor, der ganz schnell kommen kann. Rufen Sie ihn nach Ihrem Umzug an, und bitten Sie ihn, Sie in seine Patientenkartei aufzunehmen. Gerade wenn Sie ohne Pferdeleute in Ihrer Nähe leben, benötigen Sie vielleicht mal jemanden, den Sie um Rat fragen können. Es braucht nämlich lange Jahre des Zusammenlebens und Arbeitens mit Pferden, bis man einen Blick dafür bekommt, ob ein Tierarzt gerufen werden muß oder ob der Liebling nur den Kopf hängen läßt, weil er Ihnen weismachen möchte, daß er für einen Ausritt heute zu schwach ist. Pferde haben auch manchmal keine Lust zum Arbeiten, und an einem solchen Tag haben Sie Gelegenheit, sich für die Treue an all den anderen Tagen zu bedanken und statt des anstrengenden Trainingsrittes ein langsames Bummeln durch den Wald anzusetzen.

Denken Sie daran:
Sie brauchen einen guten
- Schmied
- Tierarzt
- und einen zuverlässigen Pferdesitter

ehe Ihre Pferde hinter dem Haus einziehen dürfen.

Der »Pferdesitter« zieht für drei Wochen ein.

Sie werden sowieso einen ganz anderen, viel intensiveren und sensibleren Kontakt zu Ihren Pferden bekommen, wenn diese erst einmal mit Ihnen auf Ihrer kleinen Insel leben. Sie werden eine Gemeinschaft werden, die auf Liebe und Vertrauen aufbaut und in der jeder sein Bestes gibt.

Worüber reden wir eigentlich gerade? Ach, ja, über die Vorsorge. Was kann noch geschehen, was Sie vorher bedenken sollten? Richtig, da ist der Wunsch, dieser Superidylle doch einmal zu entfliehen. Vielleicht, um einmal im Süden nachzuschauen, ob der Himmel dort wirklich so viel blauer ist als bei uns. Oder Sie müssen Ihr Haus für einige Zeit verlassen. Was dann? Dann brauchen Sie einen *Pferdesitter*. Und auch den sollten Sie sich ausgucken, bevor er gebraucht wird. Eine Person, die bereit ist, in Ihr Haus einzuziehen, die füttert, mistet, reitet und longiert, sollten Sie mit Samthandschuhen begrüßen. Eine solche Person ist das, was Menschen mit Pferden hinter dem Haus sich noch zur Vervollständigung ihres Glücks wünschen. Manchmal ist es nur ein Abend, an dem die Pferde ohne Sie zu Bett gebracht werden müssen. Es können aber auch Tage werden, weil Sie krank sind. Oder es sollen zwei Wochen sein, weil die Nordsee zu sehr lockt. Egal, Ihre Pferde können nie allein zu Hause bleiben. Es muß jemand nach ihnen sehen, auch wenn es Sommer ist und sie Tag und Nacht auf der Weide stehen. Wie schnell bricht ein Stück Zaun, und die Autobahn ist nah. Und Omas Badewanne muß jeden Tag mit frischem Wasser gefüllt werden.

Wenn unter den vielen Mädchen, die bald mit sehnsüchtigen Augen um Ihr Anwesen herumschleichen werden, keines Ihres Vertrauens ist, können Sie mit Hilfe einer Zeitungsanzeige vielleicht eine reitbegeisterte Schülerin finden, die täglich bei Ihnen mitreitet und einhütet, wenn Sie ausfliegen. Auf jeden Fall sollten Sie den Kontakt zu ihren Eltern herstellen und wie gesagt, die Versicherungsfragen klären. Während längerer Abwesenheit von Ihnen braucht Ihre junge Freundin noch einen erwachsenen Ansprechpartner.

Vielleicht entdeckt auch ein Nachbar gleich nach Ihrem Einzug seine Pferdeliebe und läßt sich freudig als Einhüter ausbilden. Vielleicht freuen sich Freunde, einige Tage allein in Ihrem Haus verbringen zu dürfen, vielleicht ... ach, Sie werden den Pferdesitter finden, der Ihnen Ihr Heim nicht zu einem Gefängnis werden läßt. Schließlich gibt es ja auch die Möglichkeit, mit den Pferden zu verreisen, wenn Sie den Kirchturm Ihres Dorfes eines Tages nicht mehr sehen mögen. Nach drei Wochen Reiterurlaub in der Heide stellen Sie dann fest, daß er doch der schönste ist.

Es ist soweit! Onkel Franz und Tante Lotti dürfen kommen. Und die ganze nachbarliche Reitstallclique wird eingeladen. Und die Nachbarn rechts und links, und am besten auch der Bürgermeister des Ortes. Denn: Ihre Pferde ziehen ein. Das muß gefeiert werden. Ein Blumenkranz wird an die Stalltür geheftet. Sie machen etwas aus diesem Tag. Sie lassen alle, die erscheinen, alles angucken, staunen und Fragen stellen, und laden zu einem Picknick auf der Stallgasse oder neben dem Unterstand auf der Weide ein.

Dann, spät am Abend, wenn Sie

Endlich fertig! Jetzt kommt der Einzug.

das erste Mal gefüttert und zum dritten Mal kontrolliert haben, ob die Boxentüren auch geschlossen sind, den letzten Wein ganz allein getrunken haben und nun im Bett liegen, wird Ihnen vielleicht plötzlich ein Mühlstein auf Ihr Herz plumpsen. »Was habe ich mir da vorgenommen?« fragen Sie sich. »Habe ich richtig gehandelt?«

Machen Sie sich keine Sorgen. Freuen Sie sich. Sagen Sie sich: Ich kann alles schaffen! Ich will! Ich bin glücklich! Schlafen Sie ein, und träumen Sie von Ihrer Stute Erika, die Sie morgen als erste aus ihrem Boxenfenster begrüßen wird. Allerdings sollten Sie den Wecker eine Stunde eher klingeln lassen. Damit Erika nicht auf ihren Hafer warten muß. Und Ihr Chef nicht eine Stunde ohne sie im Konferenzzimmer herumsitzt, weil Sie morgens noch misten und einstreuen mußten. Sie wissen ja, von nun an gehören zu allen Ihren täglichen Pflichten auch noch die der …

PFERDEHALTUNG

Jetzt sind Sie die Bezugsperson Ihrer Pferde. Sie versorgen sie. Sie reiten sie, und Sie helfen ihnen, wenn sie sich krank fühlen. Kurz, Sie kümmern sich jeden Tag um das Wohlergehen Ihrer neuen Mitbewohner. Dazu gehört . . .

Das Futter

Wenn möglich, sollten Pferde dreimal am Tag gefüttert werden. Sie bekommen ja dadurch nicht mehr Futter, sondern nur verträglicher dosiert. Doch wer Pferde hinter seinem Haus hält, geht meistens zur Morgen- und Abendfütterung über. Wobei am Abend die größere Menge gegeben werden sollte. (Nur nicht direkt vor dem Reiten). So können die Pferde über Nacht in Ruhe verdauen.

Die Futtermenge richtet sich nach der Rasse, der Größe, der Futterverwertung und nach der geleisteten Arbeit Ihrer Pferde. Vielbeanspruchte Turnierpferde brauchen mehr, nur am Sonntag gerittene, die ansonsten sich im Paddock einen schönen Tag machen, sehr viel weniger. Man spricht von *Leistungsfutter* und *Erhaltungsfutter*.

Wenn Sie nun zum Selberfüttern übergehen, sollten Sie wissen, was jedes Pferd vorher im Reitstall oder bei den anderen Besitzern zu fressen bekommen hat. Und wieviel. Futterumstellungen sollten Sie nur ganz langsam vornehmen, wenn es sein muß. Pferde, die nie auf der Weide waren, dürfen am Anfang nicht den ganzen Tag Gras fressen. Und Pferde, die nur Alleinfutter bekommen haben, dürfen jetzt nicht sofort die volle Ration Hafer und Rauhfutter erhalten. Sonst kann es zu Koliken, Eiweißvergiftungen und allgemeiner Leistungsschwäche kommen.

Die richtige Menge Kraftfutter für Ihr Pferd müssen Sie selbst heraus-

Ihr Pferd erhält
LEISTUNGSFUTTER wenn
- es viel arbeitet und für seine Leistung Kraftfutter benötigt.

Ihr Pferd erhält
ERHALTUNGSFUTTER wenn
- es nicht arbeitet und nur sein Gewicht halten soll.

finden. Sie wird verschieden sein, je nachdem, ob Sie viel reiten und regelmäßig oder nur ein- bis zweimal pro Woche den Sattel über den Hof tragen.

- Durchschnittlich bekommt ein mittelgroßes und mittelschweres Pferd, das arbeitet, drei bis vier Kilo *Hafer* täglich als Kraftfutter und vier Kilo *Heu*, dazu *Stroh*, das es aus der Einstreu fressen kann als Rauhfutter. Weniger Kraftfutter gibt es natürlich bei weniger Bewegung (Arbeit), bei Leichtfuttrigkeit, bei langen Weidegängen und wenn Ergänzungsfutter gegeben wird. Mehr Futter müssen großrahmige Pferde bekommen, die hart arbeiten und die ... ja, ... denen Sie einfach ansehen, daß Sie großzügiger in die Haferkiste greifen sollten.
- Hafer wird am besten ganz gefüttert. Die Pferde sollen kauen. Nur alte und recht unlustig muffelnde Pferde bekommen gequetschten Hafer. Der wird leichter verdaut, ist aber nur höchstens zwei Wochen nach dem Quetschen haltbar. Eine Haferquetsche werden Sie sich nicht hinstellen wollen, und die Flockenquetsche aus dem Müslihaushalt schafft es mengenmäßig nicht.
- Saftfutter gehört zu jeder Pferdeernährung. Wo keine Weide vorhanden ist und auch kein Gras irgendwo gemäht werden kann, sollten Möhren, rote Bete, gelbe Rüben und auch ein paar Äpfel gefüttert wer-

Über eine Belohnung freuen sich alle Pferde, doch sollten Sie solche »Leckerlis« immer im Fachgeschäft kaufen.

den. Doch Achtung! Nichts kleinschneiden! Pferde verschlucken sich leicht, wenn man ihnen so fitzelige Appetithäppchen in die Krippen schüttet. Und außerdem macht es ihnen Freude, dicke Möhren zu benagen. Und es beschäftigt ganz ungemein.

- Alleinfutter geben Sie nach der Anweisung auf der Sackbeilage. Es ist zwar ein langweiliges Futter, doch manchmal aus örtlichen oder therapeutischen Gründen notwendig.
- Statt Heu können Sie auch Silage füttern. Dieses vergorene, halbtrokken geerntete Gras, das wie Sauerkraut viele Nährstoffe enthält, ist absolut staubfrei. Fast alle Pferde mögen Grassilage (nicht zu verwechseln mit Rübensilage für Kühe!). Doch, Vorsicht! Silage ist sehr eiweißhaltig, nährt gut und muß in kleineren Mengen als Heu verfüttert werden.
- Bei zu Koliken neigenden Pferden und bei starker Beanspruchung Ihrer Lieblinge sollten Sie einmal in der Woche *Mash* für sie bereiten. Sie kochen einen Becher Leinsamen mit zwei Bechern Weizenkleie und ein wenig Hafer auf, lassen den Pamps abkühlen und reichen ihn beim Gutenachtsagen statt eines Betthupferls. Sie werden sich damit sehr beliebt machen bei Ihren Pferden. Und für alle Zeit werden die Stallbewohner große Augen machen, wenn der alte rote Kochtopf irgendwo auftaucht.
- Mineralfutter sollten Sie zusätzlich geben, wenn Sie nur Hafer und Heu füttern oder eine Blutuntersuchung gezeigt hat, daß Ihre Pferde unter Vitamin- und Mineralstoffmangel leiden. Lesen Sie die Inhaltsverzeichnisse auf den Futtermittelverpackungen gut durch.
- Üppiges Gras auf der Weide kann bei wenig Belastung auch Alleinfutter sein.
- Brot sollte nur sparsam als Leckerbissen gegeben werden. Es muß hart getrocknet sein. Weiches Brot klumpt im Magen und kann den Schlund verstopfen.
- Ganz wichtig ist ein *Salzleckstein* neben der Krippe, bei den Robustpferden draußen an dem Unterstand. So holen sich die Pferde Salz, wenn sie es brauchen.
- Wasser muß täglich frisch in die Behälter gefüllt werden. Selbsttränken müssen auf ihre Funktion geprüft werden, und Sie müssen sie täglich reinigen. Auch die draußen am Auslauf!
- Leckerbissen mal so zwischendurch als Streicheleinheiten brauchen Menschen und Tiere. Sie vertiefen die Freundschaft zwischen Ihnen und Ihren Pferden. Doch kaufen Sie bitte *Leckerlis* in Reitsportfachgeschäften oder Futtermittelhandlungen. Sie enthalten zusätzlich zu der Süße Vitamine und Mineralien. Verschenken Sie keine Zuckerstückchen. Auch Pferde haben Zähne, die ein Leben lang halten sollen.
- Ponys brauchen bedeutend weniger Futter als Großpferde. Wenn sie nicht geritten werden, genügt im Sommer die Weide, im Winter ein *Erhaltungsfutter* (ungefähr drei Kilo Heu). Und ein bißchen Stroh. Größere Ponys können etwas Hafer dazubekommen, wenn sie arbeiten müssen. Dazu brauchen alle Mineralfutterzugaben. Man kauft es in Bri-

kettform oder als Pulver, das unter ein bißchen Hafer gemischt wird. Ponys werden oft zu eiweißhaltig gefüttert. Das führt zu lebensbedrohenden Vergiftungen. Auch eine junge Weide im Mai hat zu eiweißhaltiges Gras. Also dürfen Ponys dort nur ein paar Stunden grasen. Und Silage dürfen Sie – aus dem

Das Wasser auf der Weide muß immer frisch sein.

gleichen Grund – ihnen auch nicht geben. Hustenden Ponys sollte man darum das Heu in Salzwasser einige Stunden einweichen. Wohlgemerkt: Nur einige Stunden. Eine ganze Nacht würde alle Nährstoffe aus dem Futter laugen.

- Saftfutter mögen die Ponys ebenso wie ihre großen Brüder. Nicht nur darum sollten Sie auch hier Möhren und rote Rüben füttern, wenn das Weidegras im Herbst bis auf den letzten kurzen Halm abgenagt worden ist. Doch meinen Sie es mit diesem Futtermittel auch nicht zu gut. Zu dicke Ponys sind nicht nur häßlich, sie schwitzen dann auch noch mehr, als sie es in ihren manchmal doch sehr dicken Pelzen sowieso schon müssen.

So! Gut gefüttert sind Ihre Pferde nun auch. Was fehlt ihnen noch zum Wohlergehen? Ach ja, natürlich ...

Die Pflege

Wenn Ihr Pferd oder Ihre Pferde bisher in einem Reitstall gestanden haben, so werden sie viel gepflegter gewirkt haben, als sie in Zukunft hinter Ihrem Haus aussehen werden. Das liegt aber nicht daran, daß Sie nun Ihren Pferden weniger Zuwendung schenken. Ihre Pferde müssen jetzt anders aussehen. Scheren und Frisieren sollte jetzt tabu sein. Fesselhaare werden auf Bleistiftlänge mit auslaufender Spitze gekürzt. So kann kein Schmutz in den Haaren hängenbleiben und Regenwasser fließt trotzdem nicht in die Fesselgruben.

Bei zuviel Saftfutter werden Ponys zu dick und schwitzen zu stark!

Auslaufpferde brauchen ihr *Hautfett* in ihrem Fell, damit ihnen Wind und Feuchtigkeit nichts anhaben können. Und sie brauchen jedes Fitzelchen Langhaar, um sich der Insekten erwehren zu können. Nur wenn Pferde ausschließlich im Stall gehalten werden und nur manchmal ein Stündchen auf eine Weide oder an der Hand grasen dürfen, sollte man sie gründlich putzen, scheren und Mähne und Schweif verziehen. Viele Pferde sehen zurechtgemacht um viele Mark teurer aus, eleganter,

Pferde, die sich meistens draußen aufhalten, werden anders gepflegt als Stallpferde.

Nach dem Reiten werden die Hufe mit Wasser und Wurzelbürste gereinigt und bei großer Trockenheit auch eingefettet.

wertvoller. Doch lassen Sie sich nicht verleiten, aus Ihren Zotteltieren geschniegelte Vorführexemplare zu machen. »Zuhausepferde« sehen aus, wie Gott sie geschaffen hat. Also gut. Nur direkt vor einem Turnier dürfen Sie ein bißchen schneiden und zupfen, damit die Richter zufrieden sind. Und dann das Haar schnell wieder wachsen lassen.

Auslaufpferde werden vor dem Reiten nur leicht überputzt. Die *Sattellage* muß allerdings gut gereinigt werden, damit der Sand der letzten zwei Matschbäder vollständig beseitigt wird, ehe Sie satteln. Und die *Hufe* müssen ausgeräumt werden. Nicht ausgekratzt. Jede zusätzliche Schramme unter der Sohle öffnet der Strahlfäule Tür und Tor. Wenn sich trotzdem durch den täglichen Aufenthalt auf feuchtem Boden Strahlfäule gebildet hat, wird der Strahl täglich einmal mit Watte gereinigt, gut gebürstet und ein Teelöffel voll *Kupfersulfat* (giftig!) in die Strahlfurchen getan. Dann wird das Präparat mit Watte festgestopft. Dies ist ein Geheimtip von mir. Das Zeug wirkt Wunder. Es trocknet und läßt den Strahl nachwachsen. Desinfektionssprays können Sie anstatt Kupfersulfat benutzen.

Nach dem Reiten ist das Abpflegen wichtig. Verschwitztes Fell wird glattgebürstet, besonders die Sattellage. Dann wird eventuell eingedeckt, wenn die Pferde noch naß sind und wieder in den Auslauf entlassen werden sollen. Eingedeckt werden muß auch, wenn die Box zum Trocknen nicht zugfrei ist, manchmal genügt auch ein wenig Stroh auf die Nierenpartie gelegt.

Hufe werden gereinigt nach dem Reiten (kleine Steine verstecken sich gern in den Strahlfurchen) und gefettet. *Fett* ist nötig bei starker Trokkenheit, aber auch bei sehr feuchtem Boden. Im zweiten Fall hält es die Feuchtigkeit vom Huf fern. Teeren sollten Sie die Hufsohle nur nach dem Ausschneiden durch den Schmied. Mit Hufteer werden oft Schadstoffe fixiert, also festgeklebt. Lieber einmal mehr mit Wasser und Wurzelbürste die Hufe reinigen und bei großer Trockenheit auch die Sohle ein wenig einfetten.

Mähne und *Schweif* müssen nicht immer so sauber sein wie bei Stallpferden. Wenn Sie täglich kämmen, reißen Sie zu viele Haare aus, die Ihr Pferd im täglichen Kampf mit den Fliegen so nötig braucht. Mit einer Wurzelbürste zweimal darüberzugehen reicht völlig. Für Sonntag kann dann ja mal die feinere Drahtbürste eingesetzt werden. Die löst jede Verklebung. Dabei sollten Sie immer oberhalb des zu bürstenden Haarteils mit der linken Hand gegenhalten. Sonst sind Mähne und Schweif bald verschwunden. Und das wäre das Aus für den sommerlichen Weidegang.

An heißen Tagen können Sie Ihre Pferde auch einmal unter die *Dusche* stellen. Mit einem Schlauch werden Beine und Körper abgespritzt, das restliche Wasser wird mit dem Schweißmesser abgezogen. Oder Sie reiten in den Dorfteich hinein und baden gemeinsam. Als Pferdehalter daheim sollte man solchen übermütigen Einfällen nachgeben. Von einem feinen Reitstall aus ist es meistens nicht möglich, verrückte Sachen zu machen. Die Freude wird in Ihnen nachhallen bis in die letzte Sekunde vor dem Einschlafen.

Putzen können Sie Ihre Pferde, und Sie pflegen auch die Hufe. Doch für die Hufe reicht das nicht. Alle paar Wochen hängen Sie sich ans Telefon, bitten und reden, und wenn Sie Glück haben, kommt der Schmied. Wie für uns Menschen Schuhe wichtig sind, ist für Pferde ganz wichtig . . .

Der Beschlag

Alle vier bis sieben Wochen (der Schmied wird Ihnen sagen, welcher Turnus für Ihre Pferde der richtige ist) müssen die *Hufe* Ihrer Pferde ausgeschnitten und wahrscheinlich beschlagen werden. Zu lange Zehen belasten die Gliedmaßen. Es gibt unter Pferdeleuten manchmal die heißesten Diskussionen, ob ein Pferd barfuß laufen soll oder nicht. Doch es gibt keine verbindliche Lösung, keine feste Regel. Man kann sich nicht für das eine oder das andere entscheiden. Die Entscheidung treffen die Hufe der Pferde. Fest steht, daß Pferde, genau wie Menschen, mit Schuhen besser laufen können als ohne. Wenigstens seit sie die Steppe verlassen haben. Heutzutage kommt es auf die Hufbeschaffenheit, auf ihre Härte an, auf das Gelände, in dem die Pferde laufen sollen, und auf die *Stellung der Gliedmaßen*. Weiche Hufe brechen leicht aus, nutzen

Toben im Schnee: Ob mit Spezialbeschlag oder »barfuß« kommt auf die Hufbeschaffenheit an.

ungleich ab, und es entstehen Stellungsfehler, die an Sehnen und Gelenken Schaden anrichten können. Allerdings gibt es Pferde, die ihr Leben lang »barfuß« gehen können, weil die Abnutzung immer gerade in den Grenzen des Nachwachsens bleibt. Wenn dann die Sohle auch hart genug ist und auf steinigem Boden nicht schmerzt, die Hufe also nicht *fühlig* werden, sind keine Eisen notwendig.

Sonst aber sollten Sie Ihren Lieblingen gute Schuhe gönnen. Manchmal genügen zwei *Eisen* vorne. Die Vorderbeine tragen bekanntlich die meiste Last des Pferdegewichts und des Reiters. Meistens müssen allerdings gerade »Hinterdemhauspferde« vier Eisen tragen, weil sie öfter auf harten Wegen als auf weichen Hallenböden und gepflegten Dressurvierecken geritten werden.

Für den Winter gibt es *Hufgripp*, das sind Gummieinlagen, die vom Schmied unter die Eisen gelegt werden und das Zusammenballen von Schnee zwischen den Eisenschenkeln verhindern. Gegen Glätte können Sie Eisen aussuchen lassen, in die man bei Frost *Stollen* einschrauben kann. Viel wird auch über *»Kunststoff-Hufeisen«* und »boots» berichtet. Doch die

Mit Eisen oder ohne?
die Entscheidung ist weder Ansichts- noch Modesache, sondern richtet sich nach

- Hufbeschaffenheit
- Stellung der Gliedmaßen
- dem Gelände, in dem das Pferd überwiegend laufen soll.

Methoden haben sich noch nicht sehr durchgesetzt. In Problemsituationen läßt sich aber manchmal mit dieser Art des Beschlags gewiß ein Ausweg finden. Ihr Schmied wird Sie beraten.

Alle beschlagenen Pferde sollten bei der Arbeit *Streichgamaschen* tragen, um Verletzungen zu vermeiden. Lose Eisen müssen abgenommen werden und der Huf bis zum Eintreffen des Schmieds geschont werden.

Nun haben Sie schon gefüttert, gepflegt und den Schmied bewirtet. Doch auch wenn die Dame des Hauses schon zum Kaffee gerufen hat oder der Hausherr schon mit den Eiswürfeln im Glas klimpert – Sie haben noch keine Zeit. Sie müssen noch die Boxen machen, Sie kümmern sich erst noch um . . .

Das Misten und Einstreuen

Größe, Licht und Luft sind wichtig für Pferdeboxen, auch wenn ihre Bewohner sich nicht den ganzen Tag darin aufhalten. Dazu kommt nun eine gute Einstreu. Sie muß trocken und sauber sein und am besten aus *Weizen-* oder *Roggenstroh* bestehen. (Bei Allergikern wirkt allerdings *Haferstroh* Wunder.) Die Pferde nehmen aus der Einstreu einen Teil ihres Rauhfutterbedarfs.

Entscheiden Sie sich für *tägliches*, vollständiges *Ausmisten* oder für periodisches, die sogenannte *Matratze*. Tägliches Misten ist natürlich das beste. Doch wenn Sie nun einmal die Zeit nicht haben, sollte daran Ihr Projekt »Pferde hinter dem Haus« nicht scheitern.

Wer täglich ausmistet, nimmt das feuchte Stroh und jedes Äppelchen heraus und streut gut nach. Eine Matratze wird nur alle paar Wochen gewechselt. Darum ist es ratsam, auf den Boxenboden als erstes eine Schicht Torf oder Sägespäne aufzubringen und dann Stroh darüberzugeben. Es werden nun täglich trotzdem die größten Mistplacken entfernt, und eine Schicht neues Stroh wird gestreut. Noch einmal: Tägliches Misten ist auf jeden Fall gesünder für die Pferde. Von einer Matratze aus können die Ammoniakdünste, die beim Zersetzen des Harns entstehen, die Atemwege reizen. Und diese Dünste werden stärker, je höher die Matratze wächst.

Besitzen Sie stark hustende Pferde, keine akut kranken, sondern Allergiker, sollten Sie mit Torf oder Sägespänen einstreuen, natürlich jeden Tag die Box gut säubern und als Rauhfutter Silage geben.

Bei *Robusthaltung*, wenn die Pferde also nur Weidehütten oder Unterstände zur Verfügung haben

Eine Stallfrau hat jeden Tag viel zu tun.

(Offenställe werden gepflegt wie Boxen), muß der Bodensand hin und wieder ausgetauscht werden. Täglich müssen auch alle Pferdeäpfel gesammelt werden. Das gilt für den ganzen Robusthaltungsbereich ebenso wie für Paddocks und die Reitplätze, die zum Freilaufen benutzt werden. Und wenn Sie nur eine kleine Weide besitzen, müssen Sie auch über diese Ihren täglichen Mist-Rundgang machen. Man kann dabei schönen Gedanken nachgehen und hin und wieder ein Wort mit den Pferden wechseln.

Jetzt kommt der Abschnitt, der für Ihre Pferde genauso wichtig ist wie das Thema Futter und Unterkunft. Pferde haben nämlich noch ein Grundbedürfnis. Das kann nun von Ihnen besonders gut befriedigt werden. Es ist …

Rechts oben: Robi mußte von seinen Artgenossen abgesondert werden. Was tun? Jetzt steht er die meiste Zeit im Garten und bettelt nach Zucker.
Unten: Wenn die Pferde hinter dem Haus stehen, lassen sich Kinder sehr spielerisch und angstfrei an Pferde heranführen.

Die Bewegung

Im Gegensatz zu Pferden, die in Reitställen die meiste Zeit des Tages in Boxen gefangengehalten werden (obwohl sie nichts verbrochen haben) und allerlei sogenannte Untugenden entwickeln, die doch nur Ausdruck ihrer Langeweile, ihrer Qual sind, bieten Sie Ihren Mitbewohnern auf Ihrem Grundstück täglich viel *Bewegung und Kontakt zu Artgenossen* und zu Menschen.

Ihre Pferde werden gesund bleiben. Denn tägliches, ruhiges Umhergehen auf der Weide oder im Auslauf stärkt die *Gelenke*; die frische Luft kräftigt die *Lunge*; beides zusammen regt *Kreislauf* und *Stoffwechsel* an. Wahrscheinlich sitzen Sie nun auch sicherer auf Ihrem Pferd. Ein Pferd, das nicht von allen Umweltreizen ausgeschlossen wird, scheut nicht so leicht und geht seltener durch. Es hat ja keine Veranlassung, sich über eine wehende Plastiktüte aufzuregen, wenn so ein Ding täglich an Ihrer Haustür baumelt und auf die Brötchen oder den Zeitungsboten wartet. Und warum sollte Hugo mit Ihnen rennen und rennen, wenn er schon den ganzen Tag hinter der Stute Tina hergerannt ist?

Wenn Sie den Paddock oder einen Teil der Weide direkt von den Boxen aus für die Pferde zugänglich gemacht haben, können Sie die Boxentüren oder natürlich die große Tür des Gemeinschaftsstalles offenstehen lassen und den Pferden Kommen und Gehen freistellen. Das entlastet Sie auch. Sie müssen die Pferde nicht regelmäßig hinausbringen und wieder hereinholen. Außerdem werden Sie überrascht feststellen, daß sich Ihre Lieblinge immer gerade dann draußen aufhalten, wenn Sie sie eigentlich lieber im Stall wissen würden. Und umgekehrt. Bei großer Kälte können die Pferde eingedeckt werden, wenn das Winterfell nicht zu stark wachsen soll. Sehr dickes Fell läßt die Pferde beim Reiten schwitzen. Dann dauert es lange, bis sie, zugfrei abgestellt, wieder trocken sind und in ihren Auslauf entlassen werden können.

Können Sie den Pferden nicht die freie Wahl lassen, müssen Sie entscheiden, wieviel *Auslauf* die Pferde haben sollen. Ein Tag im Paddock kann ermüdender sein als ein Tag in der Box. Wenn Sie ganz aktiv reiten, sind vielleicht einige Stunden Ausgang für Ihr Pferd genug. Reiten Sie nur manchmal und sind Sie sowieso nicht immer zum Bewegen der Pferde aufgelegt, sollten Sie sie lange draußen lassen. Es gibt allerdings

WICHTIG!

Bewegung brauchen Ihre Pferde wie die Luft zum Atmen.

Vergessen Sie das nie!

Pferde hinterm Haus! Eine Idylle mit Glücksmomenten und Schattenseiten. Ob es sich immer lohnt, muß jeder für sich selbst entscheiden.

Bewegung ist alles.

auch erfolgreiche Turnierreiter, die ihr Pferd von der Weide geholt, verladen, geritten und gewonnen haben.

Sie werden bald herausfinden, wieviel Bewegung Ihren Pferden gut tut, wie sie sich bei Auslaufhaltung unter dem Sattel bewähren. Fest steht, daß trainierte Pferde nicht plötzlich auf die Weide gestellt und nicht mehr geritten werden dürfen, wenn sie Kondition und Muskeln behalten sollen. Untrainierte Pferde können gut mal ohne Arbeit auskommen, wenn ihr Auslauf groß genug ist. Doch dann muß später *langsam* wieder mit der Reiterei angefangen werden. Nun, Sportler machen alles genauso: Anwärmen vor dem eigentlichen Training, lockeres Beenden, untrainiert keine große Leistung verlangen. Sonst sind Bänder und Sehnen in Gefahr.

Ist kein oder nur ein kleiner Auslauf vorhanden, dafür aber eine Halle, können die Pferde da laufen gelassen werden. Am besten aber erst nach kurzem Longieren. Dann vertragen die angewärmten Gelenke die Freudensprünge besser, die die Pferde meistens nach ausgiebigem Wälzen in den Sägespänen vollführen.

Einander fremde Pferde sollte man zuerst unter Aufsicht und ohne Eisen zusammenbringen, am besten, nachdem sie schon eine Zeitlang nebeneinander in Boxen gestanden haben. Meistens kehrt nach der ersten Skepsis und einer Keilerei in den Wind wieder Ruhe ein. Wenn nicht, müssen Sie leider zu Einzelpaddocks übergehen oder ein Pferd auswechseln. Doch haben Sie erst einmal Geduld. Manchmal dauert es etwas länger, bis die Rangfolge geklärt ist. Sehr ängstliche Pferde oder alte werden oft gejagt und müssen darum isoliert werden.

Reiten wollen Sie natürlich auch noch nach Herzenslust, im Wald und auf der Heide (da nur auf ausgeschilderten Wegen!), auf Ihrem Reitplatz oder in einer benachbarten Halle, mit und ohne Reitlehrer, oder auf herbstlichen Stoppelfeldern (um Erlaubnis fragen!). Sie reiten nach dem Plan, der Sie an ein persönlich gestecktes Ziel bringen soll: Dressurprüfung Klasse A, Distanzritt 50 Kilometer oder leichte Military. Oder nur zur Freude! Unter dem Sattel

Pferde suchen sich zum Dösen den günstigsten Platz auf der Weide.

kommen Pferde zu einer gesunden Müdigkeit. Zum Ausgleich und zur Entspannung dürfen sie dann wieder in den Auslauf oder auf die Weide zurück. Oft verwandeln sich in der Reithalle oder auf dem Viereck draußen unlustig gehende Pferde in aufmerksame, freudig mitarbeitende, wenn man ihnen täglichen Weidegang ermöglicht. Sie werden gelassener und zufriedener durch die Kontakte mit ihren Artgenossen und durch die lösende Bewegung.

Longieren ist wichtig für ein Weidepferd, wenn es im Training bleiben soll, aber gerade nicht geritten werden kann. Longieren schafft die zusätzliche Bewegung, die Lunge und Muskeln brauchen, um für Leistungen bereit zu bleiben. Im Winter, bei Frost, kann auf einem Zirkel aus ausgebreitetem Mist longiert werden. Wenn auch das nicht mehr geht und keine Reithalle in der Nähe ist, in die Sie die Pferde führen oder per Hänger bringen können, bleibt vorsichtiges *Schrittreiten* auf dem gefrorenen Boden. Besser als Reiten auf hartem Boden ist natürlich *Führen.* So müssen die Pferdebeine, die auf hartem Boden arg beansprucht werden, nicht auch noch das Reitergewicht tragen. Und, ehrlich gesagt, Bewegung tut Ihnen in einer solchen Jahreszeit sicher auch gut. Man kann, so gemütlich unterwegs, mal ganz in

Bei hartem Boden ist Führen besser als Reiten. Und etwas Bewegung für Sie schadet im Winter sicher nicht.

Ruhe ein paar Worte mit seinem Pferd wechseln und sich seine gegenseitige Freundschaft bestätigen. Sie sagen Ihrem Vollibert, wie brav er im Augenblick gerade mal wieder sei ... und überhaupt immer ... Er wird Ihnen mit dem Kopf einen Stoß versetzen und antworten: Ja, merkst du das? Dann rück' Leckerlis raus. Ich weiß, daß du welche mithast.

Wenn Schnee liegt, toben Ihre Pferde natürlich draußen herum. Unter dickem Schnee leidet keine Grasnarbe. Sie, der Besitzer oder die Besitzerin, genießen dann lange Ausritte. Sie vermissen keine Reithalle. Dressur wird auf der weißzugedeckten Weide geritten, Renngalopp über das weichgepolsterte Maisfeld. Doch dann wird es Frühling, und der »Hinterdemhauspferdehalter« fängt an, seine Liste zu erstellen für alle notwendigen Arbeiten draußen. Ein wichtiger Punkt neben dem Reparieren der Zäune ist ...

Die Weidepflege

Ab März sollten Sie Ihren Weiden *Ruhe* gönnen. Spätestens! Die Pferde müssen dann in dem engeren Paddock ausharren, bis das Gras wieder in ausreichender Menge gewachsen ist. Doch von nichts kommt nichts, sagt ein Sprichwort. Das paßt besonders, wenn es um Pferdeweiden geht. Die müssen im März *durchgezogen, gedüngt* und eventuell *gekalkt* und nachgesät werden. Am besten lassen Sie als Freizeitbauer an Hand einer *Bodenuntersuchung* feststellen, welche Nahrung Ihre Weiden brauchen. Mist darf nur in kompostierter Form wieder dorthin gebracht werden, wo Sie ihn aufgesammelt haben. Sonst nehmen Ihre Pferde die Wurmeier wieder auf, die Sie ihnen im Herbst mit einer starken Wurmkur genommen haben.

Auf Dauerweiden werden einige Flächen von den Pferden nur zum Misten benutzt. Dort schießen dann unerwünschte Kräuter hoch. Diese Geilstellen müssen im Herbst abgemäht werden, wenn Sie sich keine Kühe zur Weidepflege anschaffen wollen. Kühe fressen, was Pferde stehenlassen.

Die Bäume auf der Weide, die Schattenspender, die dort vielleicht schon hundert Jahre stehen und die Sie sehr lieben, sollten Sie gegen *Verbiß* schützen. Mit einem Minizaun drumherum. Ebenso die Bäume hinter Ihrem Weidezaun, die Bäume von Ihren Nachbarn nämlich. Der Herr wird dann mit viel mehr Freude zu Ihren Lieblingen hinüberblicken. Daß Verbotenes besser schmeckt als alles andere, glauben nämlich auch Pferde.

Bei aller liebevollen Pflege kommt es sicher doch einmal vor, daß sich eins Ihrer Pferde nicht wohl fühlt. Dann müssen Sie handeln. Darum will ich zum Schluß reden von ...

Gesundheitsvorsorge und Krankheitsanzeichen

Regelmäßig im Frühjahr und/oder Herbst sollten Sie Ihre Pferde *impfen* lassen. Gegen was, besprechen Sie mit dem Tierarzt. Er wird Ihnen zu Tetanus- und Grippeschutz raten, zum Beispiel. Und er wird Ihnen Wurmkurpackungen geben. Die Untersuchung einer Kotprobe kann Aufschluß geben, wie oft und wie Sie gegen die verschiedenen Plagegeister vorgehen müssen.

Auch die *Zähne* sollten beim Besuch des Tierarztes untersucht und eventuell geraspelt werden. Denn, und damit sind wir beim ersten Krankheitsanzeichen, oft ist eine scheinbare Freßunlust nichts anderes, als daß die Zähne nicht mehr richtig mahlen können. *Haken* verhindern es. Der Tierarzt beseitigt sie.

Allgemeiner *Leistungsabfall* und Unlust bei der Arbeit kann an Vitamin- und Mineralstoffmangel liegen. Eine *Blutuntersuchung* zeigt, woran es fehlt.

Ja, und dann gibt es noch eine Menge kleiner Zeichen, die einen Pferdebesitzer aufschrecken und all seine Alarmglocken klingeln lassen. Schließlich weiß er genau, wie Gustavo guckt, wenn er gesund und zufrieden ist. Schaut er nicht so, blikken Sie ein zweites Mal hin. Beobachten Sie die Atmung und ob Ihr Pferd unruhig ist oder ganz steif dasteht, ob es sich hinlegt und wälzt zu einer Zeit, in der es das sonst nie tut, ob es sich nach seinem Leib umsieht, die Augen trübe und das Fell glanzlos sind, ob es hustet oder Nasenausfluß hat. Messen Sie *Fieber*, ehe Sie den Tierarzt anrufen. Im After gemessen sollte die Temperatur zwischen 37,5 und 38,2 Grad liegen.

Es gibt viele Anzeichen, an denen man erkennen kann, daß das Pferd krank ist. Beobachten Sie es genau, bevor Sie den Tierarzt rufen.

Bei plötzlichen Lahmheiten ist es besser, das Pferd ruhig in seiner Box stehenzulassen, als gleich Umschläge zu machen. Der Tierarzt kann die Ursache der Erkrankung besser herausfinden, wenn Sie nicht vorbehandeln. Natürlich untersuchen Sie sofort das Bein auf etwaige Verletzungen oder Nageltritte. Kleine Verletzungen können Sie selbst behandeln. Sie besitzen ja eine Stallapotheke. *Nageltritte* gehören in die Hand des Doktors. Auch bei *Satteldruck, Mauke* und *Sommerekzemen* sollten Sie den Tierarzt um Rat fragen, wenn Sie nicht schon Erfahrung mit solchen Krankheiten haben und keine erfahrenen Reiterkollegen/innen Sie beraten können. Es gilt, lieber den Tierarzt einmal mehr als zu spät zu rufen. *Kolik* zum Beispiel könnte durch Saufenlassen und Herumführen beseitigt werden. Ich sage bewußt »könnte«, denn wenn es nicht klappt, ist wertvolle Zeit verstrichen, und es ist eventuell zu spät für das Pferd.

PACKEN SIE ES AN!

Ich bin am Ende. Ich habe Ihnen gesagt, was Sie als erstes bedenken und wissen müssen. Wenn Sie herausfinden, daß noch viel mehr Erfahrung und immer neues Ausprobieren zum Leben mit Pferden hinter dem Haus gehören, sind Sie schon mitten drin in diesem Leben. Sie werden mein Buch in Ihrem Regal dann höchstens noch einmal zur Hand nehmen, wenn Sie sich wehmütig an Ihre erste Zeit mit dem eigenen Stall erinnern. »Das Planen damals war schön«, werden Sie vielleicht sagen. »Auch das Bauen hat trotz aller Schwierigkeiten Freude gemacht... ach ja, und als dann die Pferde einzogen... huch, wie ängstlich waren wir, etwas falsch zu machen... und gleich am zweiten Tag büxten Maria und Adriano aus, weil wir das Weidetor nicht richtig geschlossen hatten...«

Ich wünsche Ihnen viel Freude mit Ihren Pferden. Packen Sie es an. Sie schaffen es. Bestimmt!

Planen und Bauen hat – trotz aller Schwierigkeiten – viel Freude bereitet. Nur wo das alles vorbei ist un die Pferde friedlich auf de Weide hinterm Haus gr sen, sind alle zufriede

ANHANG

Auswahl von Lieferfirmen für Stalleinrichtungen und Pferdeboxen

ABO System-Elemente GmbH
Rheinlandstraße 59
5628 Heiligenhaus

Josef Alber KG
Radolfzeller Straße 13
7768 Stockach

JMH Bosch
Dammstraße 3
7052 Schwaikheim

Draht-Bremer GmbH
Bahnhofstraße 24
8772 Marktheidenfeld

Drainoflex Stalltechnik
Richard-Seiffert-Straße 26
5060 Bergisch-Gladbach

Ettoreal Stallbau
Taubenberg 3
8990 Lindau

Fink Stallbau
Sittlingen 12
8804 Dinkelsbühl

Gerdes Agrarhandel GmbH
Marschweg 7
2848 Vechta

Gstaltmayr-Pferdeboxen
Bad Gögginger Straße 48
8524 Neustadt

Raymund Günther
Schloßstraße 2
5277 Marienheide-Gimborn

Hofmeister
5820 Gevelsberg-Silschede

Hans Kirst KG
Hans-Wilhelm-Kirst-Straße 1-4
5581 Irmenach

Laake Stalltechnik
4453 Langen

Röwer & Rüb GmbH
Hauptstraße 15
2811 Blender

Roosen GmbH
Lötscher Weg 33
4054 Breyell

Ruck
OT Hainert 59
8729 Knetzgau

Schöttstall
Kohlerstraße 5-7
8874 Leipheim

Bernhard Wenig
Küstriner Straße 7
3370 Seesen

Stalltechnik liefern außerdem (Auswahl)

Hubert Alker
Hörstelohe 18
4422 Ahaus-Ottenstein

Josef Großewinkelmann
Wortstraße 34-36
4835 Rietberg 2

Lister GmbH
Gerhart-Hauptmann-Straße 28
4170 Geldern-Veert

Pfitzner
Bahnhofstraße 61
5778 Meschede 3

VFI-Kurt Verhoefen
Kiwittenberg 11-15
4200 Oberhausen

Zaunsysteme liefern u.a.

H.J. Abée
Strübbehof
4542 Tecklenburg 4

Agra-tec GmbH
5461 Hausen

Baukulit-Kunststoffe GmbH
Prinz-Friedrich-Straße 30
4300 Essen 15

Kl. Dräger
4520 Melle 8

Gallag GmbH
Pusselbürenerdamm 358
4530 Ibbenbüren

Haidkoppel
Kieler Straße 92
2214 Hohenlockstedt

Horizont Agrartechnik GmbH
Homberger Weg 4-6
3540 Korbach

Volker Krähe
Kengen 31
4137 Rheudt

Udo Werner
Wienkamp rechts 11
4286 Südlohn

Bezugsquellen von Pferdefutter mit Vollsortiment

Becker Trading GmbH & Co.
Auf dem Rheindamm 6
4000 Düsseldorf 1

Cavapro GmbH & Co. KG
4811 Zeitlarn

Eggersmann GmbH
Galgenfeld 1
3260 Rinteln

Freestyle Ranch
Schulstraße 5
3216 Salzhemmendorf 5

Höveler Kraftfutterwerke
GmbH & Co. KG
Industriestraße 4
4018 Langenfeld

Kräuterwiese Wichert GmbH
Fasanenweg 11a
2805 Stuhr 1

Salvana Tiernahrung GmbH
2200 Elmshorn

Speed-Pferdeprodukte
Kieler Straße 36a
2214 Hohenlockstedt

Weitere Literatur

Hölzel, Petra und Wolfgang: Das eigene Pferd, Franckh-Kosmos, Stuttgart.

Marten, Jens/Salewski, Armin: Handbuch der modernen Pferdehaltung, Franckh-Kosmos, Stuttgart.

Grone, Jutta von, Die Pferdeweide, Müller, Rüschlikon.

Bruns, Ursula, Richtiger Umgang mit Pferden, Müller, Rüschlikon.

Kresse, Wolfgang, Pferde halten und pflegen, Ulmer, Stuttgart.

REGISTER

Die beliebte Ratgeber-Reihe für alle Pferdefreunde

Die Reiterbibliothek von Franckh-Kosmos bietet interessante, originelle und praktische Ratgeber für alle Reiter, Pferdehalter und Pferdefreunde. Fachkundige Autoren beantworten verständlich und praxisbezogen alle wichtigen Fragen zu Pferdekauf, Pferdehaltung, Zucht und zum richtigen Reiten. Mit vielen nützlichen Tips und Ideen rund ums Hobby Pferde und Reiten.

ABC des Pferdekaufs
Ein Fohlen aus unserer Stute
Entspannt Reiten
Kenne ich mein Pferd? Teil I
Kenne ich mein Pferd? Teil II
Pferde hinterm Haus
Pferde und Kinder
Pferdekrankheiten
Pferdekunde leichtgemacht
Pferdesachen selber machen
Reiten lernen leichtgemacht
Springen lernen leichtgemacht
Traumberufe rund ums Pferd
Was der Stallmeister noch wußte

Überall wo's Bücher gibt

franckh kosmos

Franckh-Kosmos Stuttgart